인사의 심리

おごるな 上司!
堀田 力

OGORUNA JOSHI
 by Tsutomu Hotta
Copyright 1994 by Tsutomu Hotta
Korean translation copyright 1995
by Samin Seo Gak Publishing Co.
All rights are reserved.
This edition was published
by arrangement with Nihon Keizai Shimbun, Inc.
through Japan UNI Agency, Inc., Tokyo/DRT International, Seoul

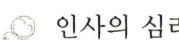 인사의 심리

초판 1쇄 인쇄 | 2006년 11월 20일
초판 1쇄 발행 | 2006년 11월 30일

등 록 | 2002년 9월 7일 (제10-2452호)
저   자 | 훗타 쓰토무
역   자 | 김동우
펴낸이 | 신배철
펴낸곳 | 간디서원
주   소 | 서울시 마포구 대흥동 75-2
전   화 | (02) 711-3094
팩   스 | (02) 313-2055

ISBN 89-90854-66-0 (03320)

※ 잘못된 책은 구입처나 본사에서 바꿔 드립니다

인사의 심리

홋타 쓰토무 지음
김 동우 옮김

갓디서원

머리말

권한을 이용해서 뇌물을 받는 것은 물론 잘못된 행동이지만, 권한을 이용해서 직원에게 거만하게 굴며 개인적인 쾌감을 느끼는 것도 마찬가지로 나쁜 행동이다. 아니 오히려, 사람의 마음에 직접 상처를 준다는 의미에서는 후자가 그 죄질이 더 나쁠 수 있다.

그러나 이런 분별없는 행위는 너무나 많이 저질러지고 있어서 많은 사람들이 상처를 입고 있다. 더구나 그 상처는 몸에 보이는 상처와 달리 눈에 보이지 않아서, 상처를 준 쪽은 전혀 알지 못하는 경우도 많다.

승진해서 관리자가 되면, 자신도 모르는 사이에 거만 떠는 것을 당연하게 여기고 일상적으로 부하 직원에게 상처를 주게 된다. 관청이든 민간기업이든, 조직이 있는 곳이면 반드시라고 말할 정도로 그런 사람이 있기 마련이다. 더구나 당사자나 관리자 양쪽이 다 그런 사실을 아예 인식조차 하지 못하고 있을 경우라면, 더더욱 안타깝다.

　이런 현상은 우리 사회에 널리 퍼져 있는 일종의 '악성 증후군'이라고 부를 수 있다. 일본 법무성의 관방 인사과장으로 있었던 나는, 법무와 검찰 조직 내에 팽배한 이 악성 증후군을 추방해 정말로 활력 넘치는 조직을 만들고 싶었다. 그래서 간단한 글이나마 여러 가지 처방전을 써서 익명으로 인사 매뉴얼에 실기도 했던 것이다. 그 경구가 바로 이 책의 각 타이틀 맨끝에 붙여진 말들이다.

　법무성을 떠나 민간의 여러 사람들을 만나게 되면서, 다시 한 번 이런 증후군이 모든 민간기업에도 예외없이 뿌리내려 있음을 알게 되었다.

　그래서 나는 이런 악성증후군을 몰아내는 데 조금이라도 도움이 될 수 있기를 바라면서, 앞서 말한 경구에 설명을 덧붙여 한권의 책으로 출간하게 되었다. 어떻게 해서든 이들을 추방하여 모두가 즐겁게 일하는 조직으로 만들어 가고 싶었기 때문이다.

  모쪼록 자신도 모르게 이런 증후군에 빠져 있는 간부들과 아직 관리직에 오르기 전에 있는 사람들이 이 책을 읽고 예방약으로 복용해서, 더한층 사회에서 활약해 가게 되기를 기대해 마지않는다.

  출판을 권유해 주시고 책을 내기까지 여러 가지 힘든 일을 맡아 주신 일본경제신문사 출판국의 여러분들께 감사드린다.

차 례

인사의 심리

머리말 · 5

1. 인사에는 늘 불만이 따라다닌다 ················· 15

2. 사람에 대한 평가의 기준부터 파악하라 ············ 21

3. 인기 부서가 꼭 좋은 것은 아니다 ················ 26

4. 인사의 공정성을 의심받지 마라 ················· 32

5. 사랑이 담긴 인사를 하라 ····················· 37

6. 명예욕은 좋지만 출세욕은 나쁘다 ………………………… 41

7. 상대에게서 자신의 결점을 보게 될 때 …………………… 48

8. 증원할 계획이라면 노는 사람부터 찾아라 ……………… 52

9. 감점주의는 조직을 죽인다 ………………………………… 62

10. 여성 관리자의 적극적인 채용이 필요하다 ……………… 67

11. 유연한 사고의 '여성적' 리더십에 주목 ………………… 71

12. 여성 관리자가 남자 직원을 더 잘 이끈다 ……………… 80

13. 능력 있는 부하가 방패인 무능력한 간부 ……………… 89

14. 명선수가 반드시 명감독이 되는 것은 아니다 ………… 93

15. 직원의 '가능성'에 민감한 리더가 되라 ………………… 97

16. 업무상의 '보고'에서 유의해야 할 점 ················ 100

17. 재능이 없는 사람은 없다 ······························ 105

18. 결재하는 사람과 결재받는 사람 ······················ 108

19. 능력 없는 직원으로부터의 좋은 평판 ··············· 114

20. 직원의 도움 요청에는 적극적이어라 ················117

21. '나를 따르라'는 식의 독선주의는 안 된다 ········· 120

22. 휴가 승인에 결코 미적대지 마라 ·····················122

23. 세대를 뛰어넘는 '대화'를 많이 하라 ················127

24. 직원의 책임감을 키워주는 리더가 되라 ············133

25. 큰 소리로 칭찬하고 작은 소리로 비난하라········136

26. 상벌은 빠르고 정확할수록 좋다 ·················144

27. 관리자가 잡일에만 매달릴 경우 ···············148

28. 리더에겐 칭찬보다는 조언을 ·················151

29. 아첨받기를 좋아하는 리더는 낙제 ············154

30. 중간관리자는 균형감각을 키워라 ·············158

31. 조직 내 의사소통은 원활하게 ················161

32. 능력이 떨어지는 직원을 다루는 요령 ········165

33. 젊은 사람의 말을 경청하라 ··················169

34. 보다 적극적이고 건설적인 비판을 ··········· 173

35. 비평가 기질은 버려라 ·······················177

36. 직함에 걸맞는 판단력을 길러라 ················180

37. 불평불만은 조직을 파괴시킨다 ················184

38. 우선, 직원의 사기를 높여라 ················191

39. 업무 태도가 축적되면 자산, 혹은 부채가 된다 ···········194

40. 나아갈 것인가, 멈출 것인가 ················199

41. 쉽게 일하는 방법은 없다 ················ 203

42. 표창은 기쁘게 받아라 ················ 206

43. 관리자여, 절대 자만하지 마라 ················ 211

저자후기 · 216
옮긴이의 말 · 218

1. 인사에는 늘 불만이 따라다닌다

    1983년 당시 나는 법무성 형사국의 총무과장으로 있으면서 형사국 관계자들에 대한 근무평가를 했고, 그 다음해에는 법무장관 관방 인사과장이 되어 좋든 싫든 법무와 검찰 조직의 인사평가를 해야 했다.

    그 전에도 관련 부서의 사무관으로서 좁은 범위에서의 인사평가를 한 적은 있었지만, 관방 인사과장으로서의 일은 그때까지와는 차원이 다른 즉 법무성의 5만여 명이나 되는 사람들에 대한 인사를 책임져야 하는 자리였다. 그런 만큼 훨씬 폭넓게 보고 판단해야 했는데, 3년 반 정도 그 일을 계속하다 보니 자연히 느낀 점도 많았다. 무엇보다 회사원을 비롯해서 조직의 사람들이 인사이동에 얼마나 지대한 관심을 갖고 있는지 절감할 수 있었다. 예를 들어 검찰청 검사의 인사이동은 전국적으로 이루어지는 것이기 때문에 아이들을 전학시켜야 하는 문제 등 동반되는 문제들도 적지 않았던 것이다.

관청에서도 기업과 마찬가지로 정기적으로 직원들에게 '희망 부임지' 같은 본인의 희망사항을 써내도록 한다. 이 같은 본인의 사정도 감안해, 인사가 이루어지기 몇 개월 전에는 다시 한번 어느 곳으로 가고 싶은지 당사자의 의사가 내밀히 타진된다. 가령 3월 말부터 4월 초에 인사이동이 잡혀 있다면, 연말 정도쯤에는 본인의 의향을 재차 확인해 두는 것이다.

그러나 아무리 비밀로 하자고 해도, 이야기한 지 1시간 정도면 분명히 직속상관에게 들어가고, 전화와 팩시밀리 사이에서 그 날 저녁쯤이면 전국에 퍼진다. 이것은 다른 관청이나 회사도 비슷한데, 그만큼 모두가 인사에 예민하다는 말이 될 것이다.

또 술집이나 출퇴근길 지하철에서 회사원들끼리 심각하게 열을 올리며 이야기하는 경우, 대개의 화제는 관리자에 대한 험담이나 인사와 관련된 문제라고 할 정도다. 가족을 데리고 이사까지 해야 한다면 큰일일 테고, 전근이 아닌 부서 내 이동이라고 해도 관리자나 회사가 자신을 어떻게 평가하고 있었는지 공개되는 시점이니 만큼, 이런 관심들이 지나치다고 할 수도 없다.

이렇다 보니 인사이동은 이것을 짜는 쪽에서도 똑같이 바짝 긴장하지 않을 수 없다. 그러나 그 결과는 과연 어떠한가?

"도대체 저 친구는 왜 거기이고 나는 여기란 말인가?"

"저 자식, 어디다 알랑거린 게 분명해."

"윗사람은 내가 일하는 스타일을 잘 모르는 거 아니야?"

이런저런 말들이 무수히 쏟아진다. 자신의 인사이동에 대해 이러쿵저러쿵, 많은 사람들이 불평불만을 터뜨린다. 설령 불평까지는 하지 않는다 해도 인사이동이 잘되었다고 생각하는 사람은 거의 없는 것이 현실이다. 즉, 인사권자의 평가와 각자가 내리는 평가 사이에는 어느 정도 격차가 있는 것이다.

인사 대상자의 업무 태도를 비롯해 여러 가지 정보를 되도록이면 공평하게, 종합적으로 평가해서 그 누구에게서도 불만이 나오지 않도록 인사를 하고 싶다는 것이 인사권자의 공통된 희망사항 아닐까.

물론 사람이 사람을 평가하는 이상, 완벽하게 공정하다고는 말할 수 없을 것이다. 실제로 어느 정도는 주관적인 부분도 끼어들 여지가 있다. 그러나 인사이동으로 결과가 나타나기까지는

인사에는 늘 불만이 따라다닌다

여러 사람이 다방면에서 조정한다는 것을 감안하더라도, 객관적 평가와 터무니없이 다른 평가란 있을 수 없다.

그럼에도 불구하고 받아들이는 쪽에서는 '거의 예외 없이'라고 할 만큼 불만이 터져 나오는 이유는, 그들 자신의 능력을 인사권자보다 확실히 높게 평가하는 까닭이다.

그 증거로 타인의 인사이동에 대해서는 대개의 사람들이 '별다른 이의가 없다'는 것을 보면 알 수 있다. 자신과 비교해서 너무 높이 평가했다고 따지는 사람은 있어도, 상대가 너무 낮게 평가되었다고 반발하는 사람은 거의 없다.

어떤 사람과 라이벌 관계에 있을 경우엔, 왠지 그 사람보다 자신이 홀대받는 듯이 느껴지는 경우가 많다고 한다. 그러나 상대방 역시 자신의 인사이동 결과에 그다지 만족하지 못하는 점에서는 마찬가지다.

나는 어느 전직 검찰총장으로부터,

"사람은 스스로를 자기 본래의 능력보다 20%쯤을 더 높게 평가하는 경향이 있다."라는, 매우 재미있고 적절한 표현을 들은 적이 있다. 내 경험으로도 이것은 맞는 말인 것 같다. 인사권자와 인사 대상자 사이의 평가에 대한 격차는 대략 20%쯤이 아닐까? 이 차이가 인사이동에서 불만으로 터져 나오는 것이다.

스스로를 높게 평가하는 것 자체는 자신을 갖고 업무에 임한

"인사야말로 기업과 조직을 지탱하는 근본 힘이다."

다는 면에서 나쁘다기보다는 오히려 좋다고 할 수 있다. 사람들 중에는 자신의 능력을 일부러 깎아내리고 실력 이하로 평가하는 사람이 있는데, 겸손한 것도 좋지만 구태여 자신을 필요 이상으로 낮게 평가할 필요는 없다. 그보다 자신을 높게 평가하는 사람이 훨씬 활기 넘치고 태도도 밝아서 발전 가능성이 있다.

하지만 자신감을 갖는 것도 원래의 실력보다 20% 정도까지

인사에는 늘 불만이 따라다닌다

가 상한선임을 기억해 두어야 한다. 그 이상을 넘어서면 자만심에 빠져, 도리어 주위에 악영향을 끼치게 된다는 사실을 명심해야 한다.

인사이동은 흔히들 생각하는 것처럼 그렇게 불공평하지 않다.
자신의 인사이동에 대해서는 말이 많지만, 다른 사람에 대해서는 불공평하다고 반발하는 사람이 거의 없다는 것만 봐도 알 수 있다.

2. 사람에 대한 평가의
기준부터 파악하라

    사람은 누구나 장점을 갖고 있다. 판단이 빠르다든지, 사물을 신중하고 깊게 생각한다든지, 사귐성이 좋다든지, 논리적 사고를 한다든지, 실천력이 뛰어나다든지……이처럼 서로 다른 장점을 가지고 있다. 이러한 장점을 살려 일을 해나가는 것이 자신감의 원천이 되기도 한다.
    그러나 사람은 타인의 능력까지도 자신의 장점을 기준으로 평가하는 경향이 있다. 자신을 20% 높게 평가하는 부분이 타인에 대한 평가에서도 그대로 나타나는 것이다.

예를 들어 판단이 빠르고, 결재도 미루지 않으며, 일을 신속하게 추진하는 점에서는 탁월한 관리자가 있다고 하자. 그는 틀림없이 자기 직원에게도 과감한 결단력을 요구할 것이고 그런 특징을 가진 직원에 대해서는 더 높게 평가할 것이다.

반면에 일을 신중하게 생각하고 결정에 시간이 걸리는 직원에 대해서는 판단력이 떨어진다든지 결단력이 부족한 사람이라고 낮게 평가할 것이다. 그 직원은 여러 각도에서 문제를 사려 깊게 파악하고 신중하게 대처하는 것을 자신의 장점이라고 생각할지 몰라도, 일을 빠르게 처리하는 관리자의 입장에서는 낮은 점수를 줄 수밖에 없을 것이다.

그러다가 다시 인사이동으로 그 부서에 신중한 스타일의 관리자가 오게 되면, 이번에는 정반대로 신중한 스타일의 사람이 높은 평가를 받는다. 그래서 일을 재빠르게 처리하는 사람은 덜렁거린다든지 경거망동한다든지 하여 마이너스 평가를 받는다.

자신의 장점을 기준으로 타인을 평가하는 경향은 어떻게 보면 어쩔 수 없는 일이다. 그것이 자신을 긍정하는 것이기도 하기 때문이다. 자신을 부정해서는 발전을 바랄 수 없다.

다만 여기에서 주의해야 할 점은, 인사에 관해 최종적인 판단을 내리는 사람이 중간 관리자로부터 올라오는 평가를 그대로 받아들이면 커다란 실수를 저지르기 쉽다는 것이다. 즉, 근무 평가를 하는 중간 관리자가 어떤 장점을 갖고 있는 사람인지를 먼저 파악하고 판단해야 한다는 말이다.

한 사람의 직원을 두고 지금의 관리자와 바로 전, 그 이전 관리자가 어떻게 달랐는지 소급해 보면, 매우 재미난 사실을 발견하게 되는 경우가 있다. 예를 들면 그 이전 관리자는 2년 연속 C 평가를 내린 데 반해, 전임자는 3년 모두 A 평가를 내린 것이다.

관리자가 바뀌었다고 해서 한 사람의 능력이 단숨에 C에서 A로 향상됐다고는 생각하기 힘들다. 이것은 그 사람의 능력이 변한 것이 아니라 평가의 기준이 변했다고밖에 생각할 수 없다. 관리자도 평가를 하면서 결코 한쪽을 편들거나 차별할 생각을 하지는 않았겠지만 종종 이런 현상이 일어난다. 그래서 인사권자는 중간 관리자의 평가를 적정한 수치로 환원시켜 객관적인 평가를 내릴 줄 알아야 하는 것이다. 그렇게 하지 않아도 20%쯤의 불만을 품을 수 있는데, 이 20%는 어쩔 수 없다 하더라도 중간 관리자의 평가를 그대로 받아들여 인사를 하면, 불만이 40% 정도까지 올라가 조직 운영이 매우 어려울 수도 있다.

최근에는 다면 평가제도처럼 자신이나 동료, 상사, 부하, 내외 고객 등에게 정보를 수집하고 평가하는 등 여러 가지 다양한 평가제도가 시도되고 있다. 그 전만 해도 근무 평가가 완전한 비밀주의에 붙여져 관리자가 무엇을 가지고 어떻게 평가했는지 알 수 없어서 인사이동의 결과로 추측할 수밖에 없었다.

인사과장이 되어 비밀 자료를 볼 수 있게 되었을 때, 나의 과거 평가 기록을 보게 되었다. 아니나 다를까, 내가 나에 대해 생각하고 있는 것보다 평균 20% 정도가 낮게 평가되어 있었다.

또 동료들과 술을 마시다 보면 각자 자신에 대한 평가를 이야기하곤 하는데, 그들에 대한 근무 평가를 보더라도 역시 본인들의 생각보다 약 20% 정도는 낮게 평가되어 있었다. 이러한 경험으로부터 사람은 자신을 20%쯤은 높게 평가하는 경향이 있다는 것을 깨닫게 되었다.

나만이 아니라 모두가 그렇기 때문에, 굳이 나를 평가한 과거의 관리자에 대해 불만을 품을 필요는 없다. 그러나 단 한 사람, 내게도 예외가 있다.

그 관리자 밑에서 일하고 있을 때였다. 그는 내게,

"우리끼리니까 하는 이야기인데, 자네에게는 A를 주었네." 라고 분명하게 말한 적이 있었다. 그러나 인사과장이 되어 그 때의 평가를 보니, A는 단 하나도 없었던 것이다.

'실컷 부려먹고 그냥 기분 좋으라고 한 인사치레에 내가 깜빡 속았군!' 하는 생각이 들었지만, 아직 미숙했던 내가 A를 기대했던 자체가 어리석었던 것 같다.

사람들은 자기 능력을 기준으로 해서 상대가 조금이라도 능력이 떨어지면 매우 낮게 평가하고, 자신보다 우월하면 매우 높게 평가하는 경향이 있다.

사람에 대한 평가의 기준부터 파악하라

3. 인기 부서가
　　꼭 좋은 것은 아니다

　조직에는 외견상 눈에 확 띄는 부서와 그다지 드러나지 않는 부서가 있다. 그래서인지 화려한 부서에 배치되는 사람이 높은 평가를 받고 있다고 생각하기도 한다. 그러나 그것은 아주 잘못된 견해이다.
　검찰청만 놓고 보더라도 그렇다. 매스컴에 자주 등장하는 특수부에 근무하는 사람이 높은 평가를 받고 있고, 지방에서 재판하는 공판부 사람이 낮게 평가되고 있느냐 하면 그렇지는 않다.

근무 평가란 본래 각 부서에서의 상대평가이기 때문에 모두가 우수하다고 해서 전원 A를 줄 수 있는 것이 아니다. A, B, C 각각에 제한이 정해져 있어서, 다른 부서에서라면 A를 받을 수 있는 사람도 우수한 사람이 많이 모여 있는 부서에 배치되어 B, C의 평가를 받게 되는 경우가 많다. 근무 평가의 입장에서만 본다면, 소위 '인기 부서'로 가면 도리어 손해를 보는 셈이다.

부서가 화려하다, 그저 그렇다 하는 것은 어디까지나 주관적인 생각일 뿐이다. 조직에서 부서는 보통 그 필요에 따라 설치되는 것이므로, 조직 운영에는 오히려 화려하지 않은 부서가 정확히 자기 기능을 수행하는 것이 중요하다. 따라서 화려한 부서든 그렇지 않은 부서든 평가 기준은 동일한 것이다.

일을 차분하게 처리하는 사람이라든지, 내성적이어서 많은 사람들과 접촉하는 것을 잘 못하는 사람이 인기 부서라고 해서 영업부로 간다면 일을 잘할 수는 없을 것이다. 재빠르고 외향적인 사람들과 똑같이 하려면 상당히 무리하게 된다. 자신과 맞지 않는 일을 무리해서 할 때 지출되는 비용이나 에너지는 너무 크다. 이것은 처음부터 불리한 경쟁이고 자신에게도 크게 손해일 뿐이다. 그렇게 하다 보면 스트레스가 쌓여 몸을 망치게 될 것은 불을 보듯 뻔하다.

어떤 회사나 조직에서든, 화려하지는 않지만 사려 깊고 끈기가 있으며 또한 일을 정확히 처리하는 능력이 필요한 부서가 있기 마련이다. 그런 곳에서 자기 특유의 장점을 발휘해서 무리 없이 일을 해 나가는 것이 자신과 조직을 위한 길이다. 반대로 사교적이고 활달해서 한 가지 일에 차분하게 매달리지 못하는 사람이 그런 부서로 간다면 마찬가지로 일이 잘 진행되지 못한다.

인사를 할 때 인사권자가 가장 주의를 기울여야 할 사항은 이 사람에게 이 일이 맞느냐 맞지 않느냐이다. 따라서 어떤 부서가 자신의 성격에 맞는지, 어떤 일을 하면 자신의 장점을 살릴 수 있을지를 스스로가 바르게 판단해서 그것을 회사 측에 정확히 전달해야 한다.

이처럼 자신을 정확하게 인식하고 있는 사람은 자기 홈그라운드를 가질 수 있기 때문에 강하다. 그러나 거기에서 멈춘다면 발전은 없다. 크게 발전하려면 자신의 부족한 부분도 보충해 나가야 한다. 자신이 없어도 조금 화려한 부서에 가서 고생도 해 보고 다른 업무도 경험해 보면서 홈그라운드를 바탕으로 자신의 한계를 확대시켜 나간다면 그 모두가 자기 재산이 될 것이다.

그러나 처음에는 자신의 적성이 어떤 일에 맞는지 잘 모르는 경우가 많다. 그래서 조직 전체를 잘 알고 나서도 여러 가지 업무를 경험하면서 자기 자신의 가능성을 발견해 나가는 것이 필요하다.

원래는 학교를 졸업하기 전에 자신에 대해 파악하고 있어야 한다. 즉, 자기에게는 어떤 일이 적합한지, 어떤 일을 하고 싶은지를 신중하게 생각한 다음 일자리를 선택하는 것이 제대로 된 순서이다. 그러나 지금의 획일적인 학교 교육은 각자의 개성을 발휘시키는 교육을 하지 못하고 있고 자신을 발견하는 훈련도 하지 않는다. 반대로 자신을 죽이고 거기에서 오로지 경쟁하는 훈련만을 받고 있는 것이 현실이다.

그래서 회사를 선택할 때도 적성에 맞는지를 생각할 여지도 없이 일류 상장 회사이기 때문에, 재계 순위가 높기 때문에, 월급이 많기 때문에, 혹은 휴가가 많기 때문에 하는 식으로 업무 내용과는 전혀 관계없는 세간의 평판만을 기준으로 선택하고 있다. 더구나 입사를 하고 난 뒤에도 자기의 성격이나 특기 같은 것은 아랑곳하지도 않고 무턱대고 화려한 부서로만 가고 싶어 한다. 이것이 불행의 시작이다.

검찰청의 경우에도 '특수부에 가고 싶다'는 사람들이 많다. 그러나 현실적으로 특수부에 어울리는 사람은 반도 되지 않는다. 자기 자신을 잘 모르고 있는 것이다.

예를 들면 공판부에서 재판을 담당한 검사 중에도 피고인이 혐의를 부정한다든지 수사 단계에서는 예상하지 못했던 새로운 알리바이를 주장해도 보충 조사도 하지 않은 채, 갖고 들어온 자료만으로 처리해 버리는 검사가 있다.

　이처럼 사건을 요령 있게 처리하는 타입의 사람은 대개 법률 지식도 풍부하고 우수한 성적으로 사법 시험을 통과한 사람이 많다. 그래서 본인은,

　"나는 동기 중에서 톱이니까 당연히 특수부에 가야 할 인재다."라고 생각하지만, 이런 타입의 사람은 절대로 특수부에서 큰 실적을 올리기 힘들다. 오히려 이런 사람은 특수 수사보다는 법무성의 입법 관계 부서에 간다면 그 능력을 충분히 발휘할 수 있을 것이다.

　특수부에 어울리는 사람은, 요령은 조금 부족하더라도 또 법률문제에서 그다지 깔끔한 해답은 내놓지 못하더라도, 한 가지 일에 철저하게 매달리고 상대를 물고 늘어지면서 끝까지 추적해 가는 타입이다.

　특수부에는 희망자가 쇄도하기 때문에 들어가기 힘든 것이 현실이다. 그러나 특수부에 맞는 사람은 다른 부서에 가도 나름대로 일을 잘해 나간다. 경찰로부터 송치되어 온 사건이라도 경찰을 좀더 채찍질하여 핵심을 찌르는 수사를 하게 한다거나, 스스로 보충 수사를 해서 납득이 갈 때까지 수사하고 추적하기 마련이다.

　물론 법률문제에 정통해서 현안을 척척 처리해 가는 검사도

필요하기 때문에 어느 쪽이 우월하다고는 말할 수 없다. 결국 부서에 따라 맞느냐 맞지 않느냐가 결정된다는 것이다. '인기 부서이기 때문에' 라는 이유만으로 거기에 가고 싶다는 것은, 자신을 알지 못하고 있다는 증거라는 것을 명심해야 한다.

회사에서도 처음에는 사원을 이곳저곳으로 이동시키는 경우가 많다. 그 때,

"내가 왜 이런 내키지도 않는 일을 해야 하나……." 하고 불만을 터뜨릴 것이 아니라, 여러 가지 경험을 통해 자기 자신의 홈그라운드가 될 만한 것을 적극적으로 발견해 가야 한다.

물론 조직에서는 자기 적성을 발견했다고 해서 모든 것이 자기 맘먹은 대로 되는 것은 아니다. 그러나 그렇게 해서 정립된 자신의 특성은 장래 회사를 떠난 후의 생활에도 이어지리라는 것은 분명하다.

인기 부서로의 이동을 희망하기 전에 그 일이 자신에게 맞는지를 깊이 생각해 보기 바란다. 자신과 맞지 않으면 구렁텅이에 빠지게 되기 때문이다.

인기부서가 꼭 좋은 것은 아니다

4. 인사의 공정성을
   의심받지 마라

　　인사이동의 전제가 되는 평가는, 평가받는 사람의 일생을 좌우할 수도 있을 만큼 중요한 것이다. 인사권자가 낡고 썩은 인사를 하게 되면 그 사람의 장래는 엉망이 되고, 회사가 그에게 지불하는 월급 역시 무가치한 것이 된다. 거꾸로, 인재를 적재적소에 배치해서 그 사람의 성장에 도움이 되는 인사를 한다면, 회사가 지불하는 돈 이상의 힘을 이끌어 낼 수도 있다.

　　더구나 인사는 본인만이 아니라 그 가족에게도 큰 영향을 끼친다는 것을 생각한다면, 극단적으로 말해 인사평가는 사람이 할 일이 아니라고까지 말할 수 있다. 정말로 그 정도로 엄청난 일이다.

　인사권자라면, 무엇보다도 이런 점을 자각해야 한다. 그리고 언제나 이런 마음을 전면에 두고 자기를 비운 채 코트에 서지 않으면 안 된다.

　사람의 운명을 좌우할 수 있을 정도의 힘을 부여받은 지위란 좀처럼 많지 않다. 그래서 그 중에는, 인사권을 갖고 있다고 해서 자신이 무슨 위대한 사람이라도 된 듯 착각하고 마치 장기판의 말을 움직이는 것 같은 기분으로 인사를 하는 사람이 있다. 한 마디로 어처구니없는 일이다.

　처음에는 그럴 생각이 없었지만 일을 하다 보면 자신도 모르게 그렇게 되어 버린다. 그러나 그런 식으로 인사를 처리한다면 결국 사람은 망가지고 조직도 파괴된다.

　반대로 인사 대상자로부터 너무 지나치게 영향을 받아서, 어떻게든 그 사람의 희망을 들어주고 싶다는 생각만으로 인사를 하는 사람도 적지 않다.

　"그 친구는 이 자리에 가고 싶다고 했잖아?" 라든지

　"저 녀석은 내 밑에서 일을 잘했으니까 거둬줘야지." 등등

능력과는 관계없이 사적인 감정을 개입시켜서 인사를 해 버

리는 경우이다.

　이런 경우, 그 인사권자와 가까운 사람은 이익을 보게 되고 반대로 인사권자에게 좋은 인상을 주지 못한 사람은 손해를 보게 된다. 즉, 인사권자가 잘 알고 있는 사람이라는 이유만으로 이익이나 손해를 보는 것이다.

　어떤 사람을 그 능력 이상의 지위에 앉히면 그보다 실력 있는 사람이 그 자리에 앉지 못하게 된다. 그러면 자신은 상대로부터는 고맙다는 말을 들을지 모르지만 조직의 힘은 전체적으로 마이너스가 되어 버린다.

　인사권이라는 것은 어디까지나 그 조직 안에서의 권한이고 조직으로서의 권한이다. 따라서 먼저 조직의 관점에 서서, 조직 안에서 어떻게 그 사람의 능력을 살릴 수 있을지를 생각해서 인사를 해 가야 한다. 그 사람을 위해서는 좋지만 조직에 좋지 않은 인사라면 본말이 전도된 것이다.

　자기 기호에 맞추어 인사를 하면 특정 관리자에게 아첨하는 사람들이 생기게 되고, 틀림없이 얼마 안 있어 부사장파이니, 전무파이니 하는 식의 파벌이 생긴다. 또 설령 아무리 사적인 감정을 배제하고 스스로는 조직을 위해 적재적소의 인사를 한다고 하더라도 엄연히 한계가 있는 것도 사실이다.

　무엇보다 인간의 능력을 객관적으로 잴 수 있는 척도가 없다.

또 인간의 능력이 어떻게 발휘되는가는 사람과 사람의 조합에 의해서도 변하며 그 때의 경제 사정에 의해서도 달라진다.

더구나 직원의 능력에 대한 모든 정보가 인사권자의 손에 있는 것도 아니다. 정말로 한 사람의 운명을 좌우할 엄청난 일을 하기에는 터무니없이 정보가 부족한 것이 현실이다.

인사권자가 조직 내의 모든 사람을 실제로 다루어 보고 그들의 능력을 확인한다는 것은 불가능하다. 결국 최종 인사권자는 각 개인의 직속 관리자들의 평가를 바탕으로 판단하는 수밖에 없는데, 그 1차, 2차 평가를 하는 중간 관리자에 대해서조차도 잘 알지 못하는 경우가 대부분이다.

따라서 조직이 커질수록 평가 보완도 쉽지 않아 실제로 객관적 평가를 내리기란 어렵다. 원래 그렇게 불충분한 조건을 바탕으로 인사를 하기 때문에 고민도 뒤따른다.

어떤 사람의 성장을 기대하고, 능력보다 약간 위에 있는 자리에 임명한다고 해도 어차피 본인은 자신에 대해 20% 정도를 높게 평가하고 있기 때문에 인사 결과에 대해 감사하기는커녕 오히려 불만스러워할지도 모른다. 그러므로 인사권자가 모두가 만족하는 인사를 한 것인지를 고민한다는 것은 바보 같은 일이 되는 셈이다.

그렇다고 인사권자가 특정인에 대해,

"자네를 각별히 생각했으니 열심히 하게!"라는 식으로 은혜를 베푼다면 조직의 질서는 무너져 버릴 것이다.

정말로 최선을 다해 인사를 했다면 그 후는 잊어버리는 것이 좋다.

최선의 노력을 다해서 인사를 했다면, 그 뒤는 더 생각할 필요가 없다.

5. 사랑이 담긴
   인사를 하라

　인사권자 주위에는 난 이런 일을 하고 싶다, 난 이런 자리에 가고 싶다, 난 이런 사람과 같이 일하고 싶다 등등… 이런저런 이야기를 하는 사람들이 많다. 인사 자료가 워낙 적기 때문에 때로는 그런 정보마저 귀중한 정보가 될 수 있으므로 인사권자는 머리 속에 이것들을 항시 담아 두어야 한다. 정보는 많을수록 좋기 때문이다.

　문제는 "이 녀석의 얘기를 들어주면 내 편이 되겠지."와 같은 생각으로 그 정보를 사용해서는 안 된다는 것이다. 그런 식으로 일을 처리하면 반드시 주위 사람들이 알게 되고, 그렇게 되면 인사권자로서 마이너스 평가를 받게 된다. 이것은 자신에게도 조직에게도 모두 손해이다.

직원이 이런저런 이야기를 건네올 때, 정말로 자신의 적성 때문에 그 일을 하고 싶어 상담하러 온 것인지 아니면 단순히 출세 코스를 밟고 싶어서 그런 이야기를 하는 것인지 정확히 간파해야 한다.

자신의 적성이나 일의 내용 때문이 아니라 승진하고 싶은 생각만으로 그런 이야기를 하는 사람은, 일 자체에 대한 이야기는 거의 하지 않기 때문에 금방 알아차릴 수 있다. 그런 사람에 대해서는 마이너스 정보를 입력해 둔다.

한편 출세욕 때문이 아니라 순수하게 자신의 적성이나 일에 대한 의욕 때문에 그런 이야기를 하는 사람은 플러스 정보로 머리에 넣어 둔다. 그런 뒤, 인사의 최종 단계에서 두 사람 중 어느 쪽을 위에 앉힐 것인지 가닥이 잡히지 않을 때,

"이 쪽이 열의가 있는 것 같다."

는 식으로 플러스 정보를 활용하는 것이다.

조직에서 자신의 장점을 살리고 싶고 그것이 조직을 위하는 일이라고 생각한다면 인사권자에게 자진 신고를 해 두는 것도

중요하다. 가만히 있다가 인사이동이 끝난 뒤에 불만을 터트려 봐야 소용이 없다.

　인사권자와 친해서 자신을 널리 알려 둔 사람이 유리해지는 일이 있어서는 안 되겠지만, 원래 인사란 얼마 되지 않는 정보만으로 결정하는 것이어서 결정적인 순간에 그런 정보가 효과를 발휘하는 경우도 있기 때문이다.

　그러나 인사권자와 너무 친해서 출세를 못하고 끝나 버리는 경우도 있다. 인사권자들 중에는 지금까지 요직을 거쳐 온 사람들이 많고, 그런 자리에는 우수한 직원이 많아 평가 수준도 자연히 엄격해지기 때문이다.

　보통 이상의 능력은 되면서도 그런 사람 밑에 있으므로 해서 보통 이하로 평가받고 끝까지 출세의 문을 열어 보지 못하는 사람도 있다.

　인사평가에서는 고식적인 수단은 설령 한 번은 요행히 통할 수 있다 해도, 회를 거듭하면서 평균화되기 때문에 오래 지속되지는 못한다. 또 인사권자가 사적인 감정을 개입시킨 인사를 한다면 반드시 직원들이 눈치 채기 때문에 결국은 적을 만들게 되고 그 때문에 좌절하게도 된다.

　인적 연결 고리를 만들어서 출세하려는 것은 실력 없는 사람들이나 하는 짓이다. 정말로 실력 있는 사람이라면 누구든 채용하려 들기 때문에, 그런 사람은 인맥에 구애받을 필요가 없으며 파벌을 만들려고도 하지 않는다.

따라서 "나에게 붙어라!" 하는 식의 처신을 하는 사람을 상사로 받들게 되었다면 경계하는 편이 좋을 것이다. 그런 관리자는 아첨하고 굽실거리면 기꺼이 받아 주겠지만, 적도 많기 때문에 아주 쉽게 뒤집힐 가능성도 크다. 그런 관리자는 오히려 조금은 거리를 두면서 접촉하는 것이 좋다.

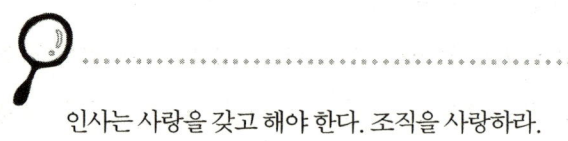
인사는 사랑을 갖고 해야 한다. 조직을 사랑하라.

6. 명예욕은 좋지만
    출세욕은 나쁘다

　출세하고 싶다, 나도 높은 자리에 앉고 싶다……. 이것은 조직에 속해 있는 대부분의 사람들의 생각이다. 또 이것이 조직을 움직이는 커다란 동력일 수 있다. 따라서 기본적으로 출세욕은 나쁘지 않다. 아니 어쩌면 꼭 필요한 요건이라고 할 수도 있다.
　직장에 따라서는
　"나는 장(長) 같은 것은 정말 되고 싶지 않아."라고 말하는 사람이 있다. 예를 들어 검사나 신문 기자, TV의 기상캐스터, 자동

차나 보험회사의 세일즈맨처럼 개인기나 프로의식이 강한 직장인들에게 그런 경향이 있는 것 같다.

"나는 현장을 뛰어다니는 것이 좋기 때문에 장(長)자를 붙이고 데스크에 앉아 있고 싶지는 않아."라고 말하는 신문기자 같은 사람들도 상당수 있는 것 같다. 판사의 경우에도,

"나는 재판이 좋지 재판소장 같은 행정직은 맡고 싶지 않다니깐." 하면서 출세를 싫어하는 사람이 있다. 실제로 보험 외판원 중에는 사장 월급보다도 더 많이 돈을 버는 사람도 있을 것이다.

이런 개인기의 세계에서는 자기 특기를 발휘하는 것이 나아가 조직을 위한 일이기도 하다. 오히려 그런 사람을 무리하게 장을 시키면, 장점이 죽어 버려 본인이나 조직에 마이너스가 되는 경우도 있다. 인사권자는 그런 것도 머리에 넣어 두어야 한다.

그러나 그런 개인기가 필요한 직장보다는 모두가 조직의 한 톱니바퀴로 일함으로써 전체 업무가 이루어지는 것이 일반적인 직장의 모습이다. 이런 직장에서는 되도록이면 톱니바퀴를 주도적으로 움직이는 위치에 서있고 싶어 하는 것이 자연스럽다. 즉 조금이라도 많은 사람을 부리고, 조금이라도 더 큰 조직력을 장악하여 중요한 일을 하고 싶어 하는 것이 당연하다는 말이다. 오히려 모두가 이런 의욕을 갖고 있지 않으면 중요한 일을 성취할 수 없다.

이런 직장에 있으면서,

"나는 장(長)자를 붙이고 싶지 않다."는 식의 말을 내뱉는 사람이 있다면 그는 일할 의욕이 별로 없는 사람이라고 봐도 틀림없다. 조직은 출세해서 중요한 일을 하고 싶어 하는 사람을 필요로 한다.

그런데 출세욕도 두 가지로 나눠 생각할 수 있다.

중요한 일을 해내 여러 사람으로부터 좋은 평가를 받고 거기에서 기쁨을 느낀다. 그래서 좀더 높은 자리에 앉아 보다 큰일을 하고 싶다— 이것은 명예욕이다. 회사든 관청이든 이런 욕심을 갖고 노력하는 것이 매우 중요하다.

그런데 어떻게 하면 큰일을 할 수 있을지는 안중에도 없고 동기들보다 먼저 부장이 되고 싶다든지, 저 자리에 앉으면 큰 방을 얻을 수 있다, 또 한 단계 올라가면 비서가 딸리게 된다, 그보다 위면 전용차가 나온다는 식으로 겉치장만을 생각하면서 출세하고 싶어 하는 사람도 많다. 혹은 높은 자리에 앉으면 아랫사람이 많이 생기고, 모두가 굽실거리기 때문에 출세하고 싶어 하기도 한다. 이것은 권세욕이다.

그런 사람은 일의 핵심은 보지 못하기 때문에, 자신의 능력을 일에서 어떻게 살려 나갈지에 대해 평소에 별로 연구하지 않는다. 그런 사람들의 노력이란, 관리자나 인사권자 혹은 그 부인에게 뇌물을 주거나 심부름을 해주면서 일과는 관계없는 수단으로 인간의 약점을 파고드는 것이다. 이것은 뇌물 수수와 파벌의 발생과도 연결지어진다.

그 자체도 조직에 마이너스 영향을 주지만, 더욱 나쁜 것은 이러한 권세욕이 만연하면 일을 통해 정식으로 출세하고 싶어 하는 사람들의 의욕을 꺾어 버린다는 것이다.

직원이 관리자를 존경하는 것은, 그가 많은 경험과 폭넓은 지식을 갖고 지도함으로써 자신도 성장할 수 있을 것이라고 생각하기 때문이다. 일에 대해서는 변변한 능력도 없으면서 하찮은 단란주점이나 골프에 매달리고, 직원을 마치 사환처럼 취급하는 관리자와 함께라면 일할 의욕이 없어져 버린다. 의욕이 없는 직원에게 일할 의욕을 불어넣는 것이야말로 관리자의 본분인데, 의욕에 넘쳐 있는 직원의 사기마저 꺾어 버리는 것은 조직에 있어서 최악이다.

따라서 인사권자는 윗자리로 올라가고 싶어 하는 사람의 동기가 무엇인지를 파악해야 한다. 뛰어나게 일을 해서 인정받고 싶어 하는 명예욕 때문인지 아니면 직원을 망치는 권세욕 때문인지를 정확하게 간파해야 한다.

권세욕 때문에 윗자리를 겨냥하는 사람은, 직원을 사적으로 부리기도 하며 자신을 직함으로 부르지 않으면 화를 내기도 한다. 그리고 자기보다 높은 사람, 특히 인사권자에 대해서는 기분을 잘 맞추면서 아부하기도 하고 뇌물을 주기도 한다. 따라서 그 사람의 평소의 언동, 특히 직원에 대한 표현에 주의를 기울여 두는 것은 의외로 중요하다.

본인은 움직이지 않고 부인을 이용해서 인사권자의 부인에게 아부하는 사람도 있다. 그러면 동료 부인들끼리 만나는 경우에도 남편들의 직급 순으로 서열이 매겨지게 된다. 인사권자가 그런 자에게 높은 점수를 준다면 조직은 점점 나쁜 방향으로 흘러간다.

한편 그런 사람을 잘 이용해서 술을 같이하거나 이사할 때 도움을 받기도 하면서, 정작 인사를 하게 되면 실로 '공정한' 평가를 하는 사람도 있다.

나는 서비스를 받으면 기분이 나빠져서 도망치는 쪽이지만, 서비스 받는다는 것은 어쨌든 좋은 것이고 중요한 것은 인사만 제대로 하면 된다는 생각을 갖고 있는 것이다. 이렇게 서비스는 받을 만큼 받고 결과적으로 쓸데없는 노력이라는 것을 깨닫게 하는 것도 하나의 방법일지 모른다.

그러나 그들은 진실한 마음에서 서비스하는 것이 아니기 때문에 답례를 하지 않으면 미워한다. 그러면 부인까지도 미움을 받게 되고, 만에 하나 나중에 지위가 역전되는 경우에는 심한 보복을 각오해야 하는 위험이 따른다.

내 경험으로 보면, 관리자의 결점을 지적하거나 충고하는 식으로 접근한 다음 관리자가 반론을 펴는 순간,

"아, 과연, 거기까지는 생각하지 못했습니다. 역시 부장님이십니다. 졌습니다!" 하면서 머리를 긁적거려 보이는, 정말 공이 많이 들어간 아부를 하는 사람도 있었다.

처음부터 아첨하듯 말하면 반발하기 때문에 2단계 전법으로 관리자를 치켜세우는 것이다. 그런 테크닉에도 속지 말아야 하는 만큼 인사권자가 공정함을 유지하는 것은 상당히 어려운 일이다.

합병한 회사에서는 몇 년이 지나도 원래 회사의 계열이 그대로 남아 있기도 하는데, 종종 이것이 악화되면서 파벌이 만들어져 서로 암투를 벌이는 경우가 있다. 이 경우도 새로운 조직을 최고로 생각하는 사람을 높게 평가하고, 합병 전에 같은 회사에 근무했던 직원만을 우대하는 사람이나 파벌을 만드는 자를 불리하게 평가하겠다고 선언해서 철저하게 실행해 간다면, 출신 회사의 차이에서 오는 어색함은 몇 년 안에 자연스럽게 바로잡을 수 있을 것이다.

"뇌물로 아첨하는 직원은 절대로 발탁하지 마라."

좋은 리더가 되느냐 아니냐는 왜 장(長)이 되고 싶어 하는가에 달려 있다.
명예욕은 나쁘지 않지만 권세욕은 나쁘다.

명예욕은 좋지만 출세욕은 나쁘다

7. 상대에게서 자신의 결점을 보게 될 때

　사람을 평가할 때 가장 어려운 것은, 자신과 맞는 사람과 맞지 않는 사람이 있는 경우 양자를 어떻게 공정하게 평가할 것인가 라는 점이다.
　인간이 저마다의 호불호(好不好)를 갖고 있는 것은 당연하다. 이것을 완전히 없앤다는 것은 신이 되거나 죽어야만 가능할 것이다. 만약 직장에서 자신이 싫어하는 타입의 사람이 관리자이거나 동료 혹은 소속의 부원이라면, 회사에 가서 일하는 자체가 별로 즐겁지 않을 것이다. 그렇지 않아도 지겨운 만원 버스와 전철에 시달리며 출근하는 터인데, 짜증이 더욱 커질 만도 하다.

좋고 싫은 감정을 완벽하게 억제한다는 것은 아주 어려운 일이지만, 누군가가 싫다고 해서 도망칠 수도 없다. 조직 안에서 함께 살아가는 이상 관리자가 마음에 안 들어도, 또 싫은 직원이 있어도, 자신의 감정을 잘 다스려서 수용해 가야 한다. 싫다고 해서 싸운다거나 회피해 버린다면 자신에도 조직에도 마이너스이고 발전은 없다.

그럼 어떻게 해야 이 싫은 감정을 조절할 수 있을까? 먼저, 누군가가 싫다면 왜 싫은지를 생각해 볼 필요가 있다. 그저 왠지 모르게 생리적으로 싫은 경우라 해도 이유는 분명히 있다.

예를 들어 화를 잘 낸다든지, 행동이 굼뜨다든지, 적극성이 없다든지, 누구에게든 뭔가의 결점이 있다. 인간은 사춘기 무렵부터 그런 자신의 결점에 대해 고민하기도 하고 그것을 고쳐보려 노력하기도 한다. 그러나 태어날 때부터 갖고 있는 성정을 완전히 바꾼다는 것은 불가능하기 때문에 성인이 되어서도 조금은 남아 있는 경우가 많다.

실제로 자신의 그런 결점이 너무 싫어서 괴로워하고 있을 때, 또 어떻게 해서라도 고치고 말겠다고 생각하고 있을 때, 동료나 관리자, 직원 중에 자기보다 더 심하게 똑같은 결점을 갖고 있는

상대에게서 자신의 결점을 보게 될 때

사람을 발견한다면 어떨까? 심지어 그는 자신이 그토록 경멸해 마지않는 약점을 아무렇지도 않게 드러낸 채 활보하고 있다. 그런 사람을 보면, 마치 자신의 결점을 크로즈업하여 여봐란 듯이 남들에게 보여 주고 있는 것 같아 거의 폭발 직전이 되고 만다.

스스로는 노력 끝에 결점을 완전히 극복했다고 생각할지 몰라도, 적어도 심층 심리에는 그 흔적이 남아 있을 수도 있다. 그렇기 때문에 전에 자신이 고민하던 것과 똑같은 결점을 갖고 있는 상대가 눈앞에 나타나면, 자신도 모르게 감각으로 되살아나 알레르기 반응을 일으키는 것이다. 이것이 사람을 감정적으로 싫어하게 만드는 가장 큰 이유일 것이다.

이런 경우, 좋아할 수는 없겠지만 상대에 대한 사고방식을 변화시킴으로써 옆에 있는 것조차도 견디기 힘든 감정쯤은 상당히 억제할 수 있다.

예를 들어 이런 식으로 생각해 보면 어떨까?

나도 그런 결점을 갖고 있었지만 열심히 노력해서 극복했다. 그런데 저 녀석은 나보다도 훨씬 큰 결점을 갖고 있으면서도 그것을 훤히 드러내 놓고, 나에게마저 이렇게 미움을 받고 있다. 어쩌면 저 녀석도 자기 결점에 은근히 고민하면서 고치려고 노력하고 있는지도 모른다. 생각해 보면 불쌍하고 가련한 녀석이야······.

이렇게 생각하는 것은 감정이 아니라 이성에 의한 작업이다. 그러나 자신을 자각한 상태에서 상대를 '싫은 녀석'이 아니라 '불쌍한 녀석'이라고 생각한다면, 그의 기분도 조금은 이해할 수 있게 된다. 적어도 옆에 있다는 것만으로도 소름이 끼치는 일은 없어질 것이다.

조직 안에서 싫은 타입의 사람과 같이 일하게 된다 해도 상대에 대한 생각이나 관점을 바꾼다면, 그렇게 소극적으로 되거나 피하지 않고도 일을 해 나갈 수 있지 않을까?

누군가를 싫어할 때는 그 사람이 자신과 같은 결점을 갖고 있는 경우가 많다. 이렇게 생각해 보면, 그 사람이 좋아지지는 않더라도 조금은 이해할 수 있지 않을까.

상대에게서 자신의 결점을 보게 될 때

8. 증원할 계획이라면
　　노는 사람부터 찾아라

구조조정이 성행하는 가운데 특히 기업의 간부들은 구조조정 = 감원이라고 생각해서 사람을 줄이는 데 몹시 열심인 것 같다.

감원만이 구조조정을 뜻하는 것은 아니지만, 생산성을 높이려면 같은 일을 가능한 한 적은 인원으로 처리하는 쪽이 좋기 마련이다. 따라서 감원도 중요한 방법임에는 틀림없다.

그러나 막상 감원을 하려고 하면 그렇게 만만치가 않다. 각 부문의 책임자들이 반드시라고 할 수 있을 정도로 저항을 하기 때문이다.

　예를 들어 지금까지 10명이 하던 일을 일의 양은 그대로 둔 채 인원을 9명으로 줄인다면, 1인당 부담이 증가해서 아랫사람들이 힘들어지는 것은 당연하다. 그 부서의 책임자가 위에서 내린 명령이라고 해서 감원을 받아들인다면, 그 관리자는 직원들로부터 심한 저항을 받게 되고 평가가 실추될지도 모른다. 따라서 중간 관리자의 입장에서는 위에서의 명령이라고 해서 잠자코 받아들일 수 없기 때문에, 인원 삭감을 해야 하는 인사 담당자는 당연히 고생하는 일이 많다.

　심각한 경영 악화가 문제인 경우는 별개로 치더라도, 조직이라는 것은 내버려 두면 무한히 팽창하는 성질을 갖고 있다. 이것은 조직의 본능과도 같아서, 자기 쪽에서 사람을 줄이고 싶다고 신청해 오는 경우는 거의 없는 것이다. 설령 사람이 남아돌아도 줄여 달라고 말하지는 않는다. 그리고 조금이라도 바빠지면 으레 증원을 요청한다. 노조도 뒤에서 밀어준다. 이렇게 해서 조직은 팽창일로를 걷는 것이다.

　모두가 본능이 지시하는 대로 제멋대로 행동한다면 사회의 질서는 붕괴된다. 마찬가지로 조직의 무한 팽창은 비능률화를 초래하고 부패와 연결된다. 간부는 언제나 인원 팽창에 제동을 걸 수 있는 준비를 갖추고 있어야 한다.

그런데 특히 관청의 경우는 기업과 달리 경제 원리가 작용하지 않기 때문에, 자칫하면 끝없이 확대될 위험이 있다.

더구나 인원이 얼마나 필요할지는 관청 자신이 결정하도록 되어 있고 제3자가 객관적으로 인정하게 되어 있지도 않다. 그래서 절실한 동기로 감원시키는 기구가 존재하지 않는 것이다.

원래 그 역할을 담당하는 것은 국민을 대표하는 기관인 국회로, 국회가 관청에 대한 감원 기구로서의 역할을 담당해야 한다. 그런데 그것이 전혀 기능을 하지 못하고 있는 것이다.

국회의원들은 국회의원 수를 줄인다는 이야기를 하지 않는 대신 관청에 대해서도 사람을 줄이라고 말하지 않는다. 그런 이야기를 했다가는 관청으로부터 미움을 받아 선거 때 도움을 받지 못하기 때문이다.

다만 관청의 경우는 국가 공무원의 총정원을 제한하는 법에 의해 전체 정원이 결정되어 있어서 팽창이 상당히 제어되고 있기는 하다. 그러나 이것이 처음부터 무한 팽창 방지책으로 입안된 것은 아니다.

이전에는 정부 부처가 정원을 늘릴 때면 부처마다 일일이 국회 심의를 받아야만 했다. 그래서 매년 증원을 할 때면 위원회에서 이것저것 질문을 받게 되는데, 이것이 힘들어지자 심의를 일괄해서 처리해 버리기 위해 모든 부처를 뭉뚱그려 정원을 결정하도록 법률을 고쳤던 것이다.

　말하자면 이것은 관료 측의 부정한 동기에 의해 만들어진 법인 셈이다. 국민들로서는 각 부처마다 세세하게 체크해서 세금의 용도를 분명하게 밝혀 주는 것이 좋겠지만, 지금까지도 국회의원들이 그 권리를 제대로 행사해 오지 않았기 때문에 큰 차이는 없다.

　그보다는 이 법률에 의해 전체 숫자가 정해져서 각 부처가 제멋대로 증원할 수가 없게 되어 오히려 국민들에게는 플러스로 작용하게 되었다. 전화위복인 셈이다.

　어쨌든 경제 원칙이 적용되지 않는 관청의 경우, 각 부처에 위임하는 것으로 끝나면 반드시 팽창을 계속한다. 실제로 공무원의 정원은 매년 계속 늘었다가 이 법률이 만들어지고 난 후 멈춰 있는 상태이다.

　그런데 어느 관청 어느 부서의 인원을 늘리려면 총정원법(※ 한국의 경우엔 '국가공무원 총정원령' 이 있음 : 편집자 주)에 의해 다른 부서의 인원을 줄여야 한다. 그러면 인원을 줄여야 할 쪽이 저항을 해서 일도 제대로 처리되지 않고 인사 담당자만 고생하게 된다.

　내가 인사과장이었을 때 현실적인 필요에 의해 특수부 증원 계획을 세운 적이 있었다. 그를 위해서는 당연히 다른 부서의 인원을 줄여야만 했다.

이 때 만약 특정 부서에 개별적으로 교섭을 할 경우,

"당신의 취지는 잘 알겠지만 대체 왜 우리가 줄여야 된단 말이오?"라면서 조직 전체의 저항을 받아 제대로 일을 진행시킬 수 없게 된다. 특히 개별 교섭으로 감원을 성공시킨 예는 거의 없다.

그래서 나는 전국 53개소에 있는 검찰청에 대해 일률적으로 검사 한 명씩을 줄인다고 통지했다. 물론 불만이 있었지만 전국적으로 실시되기 때문에 특수부를 늘린다는 이 쪽의 취지에 트집 잡을 생각이 아니라면 그들로서도 따라오지 않을 수가 없다.

먼저 이런 조치를 취한 다음, 그래도 꼭 필요한 사정이 있으면 나중에 사람을 다시 돌려보내는 방법을 썼던 것이다.

처음부터 어느 부서를 지정해 인원을 줄이려고 한다면, 왜 그렇게 하지 않으면 안 되는지를 인사 담당 측에서 해당 부서의 책임자에게 설명하지 않으면 안 된다. 그러면 상대는 반드시 이러저러한 이유를 대면서 시간을 끈다. 부서를 관리하는 입장에서는 직원으로부터 나쁜 평가를 받고 싶지 않기 때문에 필사적이기 마련이다.

상대는 현장 상황을 잘 알고 있는 반면 본부의 관리 부문에서는 지방 원격지의 상황을 조사하기 어렵다. 따라서 이런 교섭에서는 어떻든 현장을 잘 알고 있는 쪽에 승산이 있어 감원을 실현시키는 데는 막대한 어려움이 따른다.

그런데 일률적으로 감원하면 자기 부서만 피해를 보는 것이 아니기 때문에 강경한 저항은 하기 어렵다. 일률적인 삭감을 한 후에 도저히 사람을 줄이기 힘들다는 부서는 예외적으로 증원을 요구하도록 한다. 그러면 이번에는 자기 쪽에서 왜 증원이 필요한지를 설명해서 인사권자를 납득시키지 않으면 안 된다. 예외를 인정받기 위해서는 대단한 노력이 필요한 것이다.

재판에서 자기에게 유리한 것, 혹은 상대방에게 불리한 것을 주장하는 경우에는 주장하는 측이 그에 대한 증명을 해야 한다. 이것을 법률 용어로 '증거 책임' 이라고 한다. 즉, 이런 경우 증원을 요구하는 측에 증거 책임이 발생한다는 것이다. 인사권자는 제출된 자료를 검토해서 '인정한다' 라든지 '인정하지 않는다' 라든지의 판단을 내리기만 하면 되는 것이다.

내 경우는 이렇게 일단 일률적인 그물로 걸러 놓고 증거 책임을 상대방에게 돌려놓았던 것이다. 어떤 조직에서의 인원 삭감이든 이 수법은 유효하지 않을까 생각한다.

여기에서 앞서 말한 것처럼 중간 관리자는 직원의 불만을 사고 싶지 않기 때문에 그냥 증원을 요구하는 일도 있다.

그러나 어떠한 조직에서나 반드시 놀고 있는 사람이 있다. 전원이 계속 빠듯한 상태에서 일하는 것은 극히 특수한 경우이고, 아무리 바쁜 것처럼 보이는 직장에서도 바빠 죽을 만큼 열심히 일하는 사람이 있는 반면 적당히 놀고 있는 사람도 있다. 따라서 중간 관리자는 증원을 주장하기 전에 그런 부분을 정확하게 파악해야 한다.

거기에 하나 더 유의할 것은 잔업이다. 이것은 관청이든 기업이든 똑같은데, 빈둥거리면서 하지 않아도 될 잔업을 하고 있는 사람이 상당히 많다.

최근에는 가능한 한 잔업을 조금만 하려 하지만, 자세히 보면 남이 하니까 잔업을 하고 있는 사람이 아직도 상당히 많다. 할 일이 없는데도 눈치가 보여서 먼저 퇴근하지 못하기 때문에, 혹은 관리자로부터 열심히 일하지 않는다고 오해받고 싶지 않기 때문에 남아 있는 사람도 있다.

또 일찍 퇴근해도 갈 곳이 마땅치 않다든지, 에어컨 없는 집보다는 회사가 더 시원해서 쓸데없이 잔업을 하는 사람들도 있다. 더군다나 제대로만 하면 근무 시간 안에 끝마칠 수 있는데도, 낮에는 주간지를 읽거나 빈둥거리면서 시간을 보내다가 5시를 넘기면서부터 열심히 일하기 시작하는 사람도 있다고 한다.

생산 라인이나 제조 부문에서는 어떨지 몰라도, 영업 부문이나 사무 부문에는 이런 류의 사원들이 있다. 이것은 잔업 수당

낭비이고 열심히 일하는 사람들을 바보로 만드는 일이다.

　이런 사람은 일의 내용보다 어떻게 하면 편할 수 있을지를 먼저 생각하기 때문에 평소부터 불평이 많다. 술을 먹고 관리자에게 대들거나 여기저기에서 관리자에 대한 험담을 한다. 그런 꼴을 당하기 싫어서 정확한 일 처리를 피하는 중간 관리자도 적지 않다.

　이런 사원을 너그러이 포용해서 불평하지 않게 하는 것이 관리라고 생각한다면 큰 오산이다. 그런 것을 눈감아 주었다고 해서 말이 통하는 관리자라고 존경을 받는 것도 아니다. 직원한테 싫은 소리 듣는 것이 무서워 아무 말도 못하는 관리자라고 완전히 우습게 보일 뿐이다.

　물론 직원에게 가혹한 일을 강요한다거나 직원을 비인간적으로 취급하는 것도 좋지 않다. 그러나 적어도 월급을 지불하는 시간에 충실하게 일하는 것은 당연하므로, 관리자는 증원을 생각하기 전에 먼저 상황을 잘 파악해야 한다.

　또 하나 유의해야 될 점은, 부지런히 일한다고 해서 무조건 일을 잘하는 것이 아니라는 것이다. 겉으로는 놀고 있는 것 같이 보여도 정확히 업무 성과를 올리는 사람도 있다. 관리자가 보고 있는 곳에서는 열심히 일하는 척하고, 보지 않으면 적당히 노는 사람도 있다. 일의 성격에 따라 다를 수도 있지만 직원의 업무 태도만으로는 판단할 수 없는 경우도 많다. 그러면 관리자는 직원의 근무 태도를 어디에 중점을 둬서 판단해야 될까?

기업이나 관청이나 마찬가지지만 결론은 결과주의, 능률주의일 것이다. 노력이 아니라 성과가 중요하다는 말이다. 그다지 열심이지는 않지만 다른 사람보다 3, 4배나 되는 성과를 올리는 사람은 그것을 평가해 주어야 한다. 노력은 중요하지만 어디까지나 성과가 제일이다.

그러나 그렇게 딱 잘라 버리면 일할 의욕을 잃어버리는 직원도 나올 것이다. 따라서 아무리 열심히 해도 성과를 올리지 못하는 사람은 얼마나 노력했는지를 판단하도록 한다. 관리자는 그 노력이 성과와 연결되는 노력인지 혹은 전혀 쓸데없는 노력인지를 잘 판단해서, 성과를 향한 노력이고 어찌되었든 성과와 연결되는 것이라면 그것을 정확히 평가해 주어야 할 것이다.

검사의 경우, 피의자를 아침부터 저녁까지 열심히 취조했지만 아무 성과 없이 거짓말에 지친 채로 끝났다면 의미가 없다. 오전에는 사무실에서 내내 졸고 있다가도 오후에는 어려운 상대로부터 자백을 받아 낸다면 문제될 것이 없다.

기획 부문에서는 일의 성과가 번뜩이는 아이디어로 나타나는 부분이 많기 때문에, 오랜 시간 동안 책상에 앉아 있다고 해서 일이 잘 되지는 않는다. 영업도 마찬가지이다. 인간관계가 제일 중요하다고 닥치는 대로 이리저리 뛰어다닌다고 생각만큼 판매할 수는 없다. 투여한 시간과 성과는 반드시 정비례하지는 않는다. 때로는 어울려 노는 가운데 인간관계가 형성되면서 일의 성과와 연결되는 경우도 적지 않다.

중요한 것은 무엇을 하고 있는가가 아니라 성과를 향해 어떻게 몰두하는가이다.

지나치게 인원이 많은 조직은 쇠퇴한다.
증원에 힘쓰기 전에 놀고 있는 사람은 없는지 철저하게 살펴보아야 한다.

9. 감점주의는
조직을 죽인다

　감점주의란 어떤 기준을 세워 놓고 그것을 만족시키지 못하면 마이너스로 평가하는 방법이다. 이것은 선례주의라든지 보수주의라고 바꿔 말할 수도 있을 것이다.
　물론 보수주의나 선례주의가 모두 나쁘다는 것은 아니다. 그러나 선례주의에서는 자칫하면 선례 자체가 아주 케케묵은 것일 수 있다. 시대는 계속 변하고 있다. 특히 요즘은 모든 것이 너무 빨리 변해서 5년이나 10년 전의 기준으로 현재를 판단하는 것은 애당초 무리다.

과거의 척도로는 판단할 수 없는 상황이 현실에 나타났을 때 어떻게 처리할 것인가라는 관점에서 생각하지 않는다면, 이제 조직은 전혀 기능을 발휘하지 못하고 경쟁력도 잃게 될 것이다. 현재는 지식주의로부터 발상주의로의 전환이 요구되는 시대에 직면해 있다.

일본은 그 동안 미국과 유럽을 따라가고 추월하기 위해, 일정 규격으로 대량생산해서 국제적인 경쟁력을 확보해 왔다. 이렇게 해서 만든 제품을 수출해서 경제를 발전시킨 것이다. 종래에는 확실히 이런 방식으로 성공할 수 있었다. 그러나 지금 이 방식은 벽에 부딪쳐 있다.

유럽의 국가를 모방하던 때는 초기 투자도 억제할 수 있어서 선례주의가 효율적이었다. 가전제품이나 자동차는 전형적인 예이다. 그러나 지금 일본이 가장 자신을 갖고 있는 장치 산업 분야는 다른 나라에서도 충분히 할 수 있게 되었고, 특히 아시아 국가들의 추격은 놀랄 만큼 위협적이다. 옛날 수법을 그대로 고수한다면 곧 추락하게 되리라는 것은 불을 보듯 뻔한 일이다.

이러한 현실에서 미래를 생각할 때, 가장 중요한 것은 감점주의가 아니라 어떤 종류의 모험 정신, 즉 벤처 정신이다. 실패할지라도 재미있는 발상을 조직이 인정하고 계속 받아들여 가는 자세야말로 정말 중요하다고 보여진다.

생각이 유연하고 고리타분하지 않은 젊은이들은 모험에 그다지 저항하지 않는다. 머리를 바꿔야 할 필요가 있는 사람들은 오히려 나이 많은 사람들이다. 그런 사람들이 조직의 상층부에 포진하고 있다면 정말 어려운 일이다.

물론 종래와 다른 발상에 의한 제안이 모두 실현 가능하지는 않을 것이다. 그러나 10개 중에 둘이나 셋 정도만 성공하면 된다는 마음가짐을 먼저 간부들이 가져야 한다. 10개 중에 9개가 실패한다 해도 나머지 하나가 조직을 비약적으로 변화시키는 원동력이 되기도 하기 때문이다. 미국은 바로 그런 것을 중요하게 생각해 온 나라일 것이다.

한때 일본적 방법이 성공해서 미국을 추월했다고 생각한 적이 있었다. 그러나 미국은 새로운 발상을 중요하게 생각하고, 난관의 돌파를 추구하는 정신이 뿌리 깊이 박혀 있어서 이제 다시 그 역전 현상이 일어나고 있다.

내가 지금 하고 있는 사업에서도 지금까지 없었던 새로운 제안을 하면,

"말은 쉽지만 된다는 보장이 없지 않습니까?" 라는 비판이 바로 튀어나온다. 지금까지 없었던 일이기 때문에 물론 보장은 할 수 없다. 그러나 그렇게 해서는 시간이 아무리 흘러도 발전할 수 없다.

"모든 일을 내가 해야만 직성이
풀리는 관리자는 되지 마라."

　시간을 들여 비판자를 설득하고 여러 가지 협의를 거쳐 간신히 100% 전망이 섰다 해도, 막상 실행으로 옮기려 할 때는 이미 때를 놓쳐 그 일 자체가 별 의미 없게 될지도 모른다.
　지금 우리가 처해 있는 여러 가지 벽을 부숴 나가기 위해서라도 도전 정신은 중요하다. 일본 사회에 이 정도로 감점주의가 성행하게 된 데는 상당히 뿌리 깊은 원인이 있을 것이다. 그 중에서도 가장 큰 것은 교육 문제라고 생각한다.

지금까지의 교육은, 미리 결정된 하나의 정답이 있고 그것과 맞지 않으면 100점에서 차례로 점수를 깎아 나가는 식이었다. 즉, 답과 맞느냐 맞지 않느냐가 유일한 판단 기준이고 맞지 않는 것은 배척당했던 것이다. 이것이 지금까지 해 온 대량생산 방식 그대로의 모습이다.

그런 교육 시스템에서는 자기 규제가 강해져서, 사회에 나간 다음에도 어떤 기준에서 일탈하면 무조건 이단자로 배척되는 분위기가 형성된 것이다. 그런 의미에서 보면 교육 방법 자체를 바꾸지 않으면 안 된다.

어떻든 조직은 어디까지나 인간이 만들어 가는 것이다. 어떻게 하면 모두가 즐겁게 일할 수 있을까, 정말로 삶의 보람을 갖고 일할 수 있는 방법은 무엇일까, 어떻게 하면 좀더 개선할 수 있을까를 끊임없이 의식하며 노력해 가는 사람이 있는 조직은 틀림없이 강력해질 것이다.

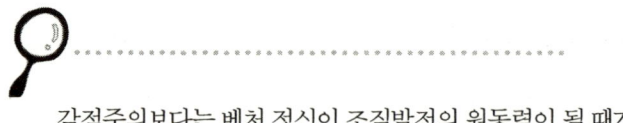
감점주의보다는 벤처 정신이 조직발전의 원동력이 될 때가 많다.

10. 여성 관리자의 적극적인 채용이 필요하다

아직도 사회는 여성 간부를 등용하는 일이 일반적이지 않다. 그래서 회사든 관청이든 예전에는 여성이 리더가 되면, 여성이 남성화되기 일쑤였다.

그런 여성들 중에는 일이 전부라고 생각해서 결혼하지 않는 사람도 꽤 많았다. 또 결혼한다 해도 남자들처럼 일을 위해서라면 가정은 거의 뒷전이다. 그래서 일이 끝난 뒤에도 사람들과 어울리며 술을 마시고 교제하는 일에도 빠지지 않았다.

검사의 세계에서도 구세대 여자 검사들은 결혼하지 않고 일에만 열중하는 타입이 많았다. 대부분의 다른 조직과 마찬가지로 딱딱한 남성사회였기 때문에, 여성의 좋은 점을 살려 나가기가 쉽지 않은 환경이었다. 그 속에서 남자에게 지지 않고 해 나가려면 여성이 남성화될 수밖에 없는 면이 강했던 것이다.

내가 알고 있는 여검사 중에도 동료들과 교제 마작을 둬서 결코 져본 적이 없을 만큼 괄괄한 여성이 한 명 있었다. 그녀는 자기가 질 것 같으면

"자, 이번엔 내 처녀성을 걸겠어!"라고 말하곤 해서, 잘못 받았다가는 나중에 무슨 일이 생길지도 모르기 때문에 겁이 난 남자들은 결국 지고 마는 것이었다.

그러던 어느 날 호기 있게 그녀를 눌러 버린 사람이 있었다. 그는 뭔가 작심한 듯 의기양양하게, 손에는 커다란 나무 인형을 든 채 그녀의 방으로 들어갔다.

"제발 이걸 내 대신……."

아주 격앙된 목소리로 그녀가 소리쳤다.

"아니, 이따위의 물건을 대체 어디다 써먹으라는 거야!"

그녀는 완전히 남성사회에 동화되어 있었기 때문에 음담패설도 가리지 않았고 직원이 제출한 서류가 마음에 안들 때엔, "차라리 쓰레기통에나 갖다 버려!"라고 험하게 다그쳤다.

이런 식으로 남자 중에서도 특히 거친 남자를 모방해서 자신의 힘을 나타내지 않으면 안 되었던 것이 지금까지의 여성들이었다. 그렇게 하지 않으면 동료로 인정받을 수 없었던 것이다.

원래 성격이 남성적이어서 그런 행동이 저항감도 없고 나름대로 자연스럽다면 괜찮겠지만, 그런 여자들 대부분은 연약한 심성을 갖고 있어서 무리를 하고 있었다. 그녀들에게는 매우 안타까운 시대였다.

그러나 신세대의 여검사들에게서는 이제 이런 타입은 거의 찾을 수 없게 되었다. 결혼도 하고, 아이들도 낳고, 가정도 중요하게 여기며, 무엇보다 자기의 취미와 생활방식을 소중히 생각한다. 일이 좋기 때문에 하지만 일이 전부라고는 생각하지 않는 것이다.

더구나 동년배의 남자 검사보다도 훨씬 야무진데, 오히려 남자 쪽이 어릴 적부터 어머니의 과보호를 받으면서 자란 탓인지 중요한 순간에는 믿을 수 없는 사람이 많은 것이 현실이다.

검찰청이 사건의 피의자를 기소할 때는 검찰의 이름이 아니라 담당 검사의 이름으로 기소한다. 검사 한 사람 한 사람이 하나의 관청으로 일하는 것이다. 따라서 조직에 속해 있지만 검사 개개인의 책임으로 업무를 수행해 가는 것이 중요하다.

그러나 말은 그렇게 해도 기소할 것이냐 말 것이냐에 대해서

는 결재를 받아야 한다. 그런데 요즘 남자 검사들은 어느 사건에 대해 기소하려다가도 결재하는 사람이

"여기에 문제가 있지 않은가?"라고 지적하면,

"아, 그렇습니까? 그러면 불기소하겠습니다."라고 아주 간단하게 물러나 버리기도 한다.

예전의 검사들은 선배로부터 문제를 지적받아도 자기의 의견을 분명하게 밝히고 쉽게 물러나려 하지 않았다. 그러나 최근에는 사지선다형 교육을 받아 온 탓인지, 고분고분하고 주장이 없는 사람들이 검사 중에도 많이 늘어나고 있는 것 같다.

변호사나 다른 관청, 회사에서도 마찬가지지만, 지금은 여자들이 훨씬 야무지다고 나는 생각한다.

남자 사회의 방식을 모두 긍정하고 거기에 동화되는 구시대의 여성 관리자는 적어도 앞으로의 시대에는 맞지 않는다. 남성 사회에 동화되지 않으면서 여성의 좋은 면과 자신의 특색을 살려 나가면서 일을 하고 직원을 관리하는 여성 관리자가 앞으로는 필요하게 될 것이다. 앞으로는 틀림없이 여성이 리더가 되는 시대가 올 것이다.

이제는 여성 간부를 적극 등용하지 않으면 일을 제대로 해나갈 수 없다.

11. 유연한 사고의
　　 '여성적' 리더십에 주목

　리더의 조건에는 여러 가지가 있지만 그 중에서도 특히 ①판단력, ②조직관리 능력, ③설득력이라는 점이 아주 중요하다. 이 세 가지에 대해 남녀를 비교해 보도록 하자.
　관리직은 조타수이기 때문에 앞을 내다보고 현재의 상황에 대해 정확하게 판단할 수 있어야 한다. 예전에는 판단력의 면에서는 남자 쪽이 우월하다고 생각해 왔다. 확실히 남자는 태고 적부터 오랫동안 전쟁을 해왔기 때문에, 전략적으로 판단하는 힘을 유전자를 통해 계속 이어받아 왔을지도 모른다. 마치 싸움처럼 방향을 한군데로 좁혀 직원의 엉덩이를 차서 돌격해 나가도록 하는 단순한 노선을 취할 때는 남자의 판단력이 적합할지도 모른다.

그러나 지금은 기업이 하나의 노선만 잡고 일을 해 나갈 수 있는 시대가 아니다. 그저 돈벌이에만 전력투구하면 되는 것이 아니라, 고용 문제, 환경 문제, 고령화 사회 문제 등에 대응할 수 있도록 지역 사회와 연결하는 것도 중요하게 다루어야 한다.

이제는 사원들의 등을 떠밀기만 해도 열심히 일하던 시대는 지났다. 그들은 각자의 생활을 중요하게 생각하고 가능한 한 자기 시간이나 가족과 함께 지낼 시간을 갖고 싶어 한다. 그런 종업원들의 기분을 이해하면서 그들을 기업 활동에서 살려 나갈 수 있는 방법을 고안해야 하는 것이다.

관청도 마찬가지다. 예전에는 경제적으로 강한 나라가 돼야 한다는 오직 한 가지 방향으로 정책을 실행해 나가기만 하면 되었다. 그러나 이제부터는 경제성장과 동시에 소비활동을 포함하는 생활의 내용도 생각하지 않으면 안 된다.

경제성장과 생활 중시는 이해가 일치되는 것이기도 하지만 상반되는 부분도 있다. 한쪽 때문에 다른 쪽이 희생되는 경우도 나올 것이다. 예를 들어 근무시간 단축에 중점을 두면, 근무시간이 줄어들기 때문에 기업의 이익이 줄어든다. 관청이라면 주민에 대한 서비스가 저하된다. 어느 한쪽으로만 너무 기울어도 좋지 않다. 그런 미묘한 부분을 민감하게 포착해서 판단하고 조정하여 시행해 나가야 한다.

즉, 경제, 사회가 안정되어 가면 단선으로 돌진하는 능력이 아니라 주변에 관심을 두면서 여러 가지 면까지 유연하게 보고 판단해 가는 능력과 생활 감각이 요구되는 것이다.

지금까지 무조건 '이기자', '나가자'고 부르짖어 온 리더들은 애당초 생활이라는 것을 체험해 보지 않았기 때문에, 생활 감각이라는 것은 거의 갖고 있지 못하다. 이에 비해 여성은 관리직에 있든 그렇지 않든 대부분 생활 감각을 몸에 갖추고 있다.

앞으로의 리더십에는 여성의 유연한 사고가 살아나지 않으면 안 된다. 남자들은 여성으로부터 생활 감각을 많이 배워서 시대에 맞는 리더로 변신해 나가야 한다.

리더에게 판단력 다음으로 중요한 요소는 조직관리 능력이다. 아무리 판단력이 우수해도 조직을 관리할 수 없다면 단순한 평론가에 불과하다.

예전에는 리더의 판단력이 뛰어나면 직원들은 대개 따라와 주었다. 전 직원이 하나가 되어 경쟁 상대에게 이기려고 한다든지 열심히 일해서 임금을 올려 받으려고 할 때와 같이 구체적인 목표를 향해 일치단결해 있을 때는, 관리하지 않아도 직원들은 열심히 일했다. 목표가 하나밖에 없을 때는 무조건 밀어붙이면 그만이었다.

그러나 앞으로는 아무리 판단력이 뛰어나도, "잠자코 나를 따르라!"는 식으로 지시해서는 일하지 않는다.

요즘의 젊은 사람들은 경제성장이 절대 명제였던 시대의 방법으로는 결코 따라오지 않는다. 봉급 인상도 절대적인 것이 아니다. 봉급 인상을 바라지만 자기 생활도 즐기고 싶어 한다. 20대부터 30대 초반까지의 사람들에게는 이런 사고방식이 주류일 것이다.

젊은 사람들 중에서도 일에서 보람을 찾고 열심히 일하려는 사람들이 있는가 하면, 근무 시간이 끝나자마자 바로 집에 돌아가고 싶어 하는 사람도 있다. 또 일을 자신이 주체적으로 진행하기 보다는 명령을 쫓아하는 것을 좋아하는 사람도 있을 것이다.

앞으로의 관리자는 이런 다양한 가치관을 가진 직원들의 능력을 끌어내서 조직을 이끌어 나가야 한다.

자신이 아무리 우수해도 직원의 능력을 살려내지 못한다면 리더로서는 실격이다. 오히려 리더에게는 자신의 능력은 억제하고 직원들의 능력을 이끌어 내서 일에 활용해 가는 능력이 더 요구된다.

관리자 입장에서는 가능한 한 많이 일해 주는 게 좋다. 그런데 만약 부원 한 명이 5시가 땡 하고 치자마자, 내일까지 끝내야 하는 서류는 본체 만체 내팽개치고

"저, 오늘밤은 데이트 약속이 있어서 그만 가봐야 하겠습니다."라고 말한 뒤, 벌떡 일어서서 나간다면 울화가 치밀지 않겠는가.

그렇다고 해서 심하게 꾸짖기만 한다면, 직원은 더욱더 멀어져 간다. 이와 같이, 예전과 비교하면 정말 수십 배나 어려운 시대가 된 것이다.

물론 개인차는 있겠지만, 여러 가지 가치관을 갖고 있는 사람들에 대해 상대의 입장에서 섬세하고 유연한 배려를 할 수 있는 능력은, 지금 단계에서는 일반적으로 남성보다는 여성이 낫다고 생각한다. 그런 의미에서도 여성이 리더가 되는 시대가 오고 있다고 말할 수 있을 것이다.

그러면 세 번째 요소인 설득력은 어떨까?

관리자는 사내외에 걸쳐 여러 가지 절충을 해 나가야 한다. 거래처와의 교섭에서도, 사내에서 사장이나 중역의 결재를 받았다고 해도 상대방을 설득시켜야 한다. 직원을 활용하기 위해서도 설득은 꼭 필요하다. 조직을 이끌어 가는 리더에게 설득력은 불가결의 요소인 셈이다.

그런데 지금까지 남성 사회에서는 논리야말로 설득의 유일, 절대의 수단이라고 생각되어 왔다. 적어도 형식적, 혹은 원칙으로서는 논리가 정연하냐 아니냐가 가장 중요한 요건으로 간주되었다. 그리고 여성보다 남성이 더 논리적이라고 생각해 온 것도 사실이다.

그러나 현실 세계에서 그 정도로 논리에 입각한 설득이 이루어지고 있을까? 일의 현장에서도,

"저 녀석이 그랬으니까 틀림없어."라든지

"그가 그렇게 말했다면 나도 좋아."와 같이 극히 모호한 동기로 결정을 내리고 있다. 그런가 하면 논리적으로는 트집 잡을 것이 없는 의견이라도,

"저 녀석이 그랬다면 별 볼일 없어."라고 무시되어 버리는 경우도 있다. 거래 관계에서도 인간관계의 좋고 나쁨으로 결정되는 부분이 많을 것이다.

함부로 하는 이야기인지는 모르겠지만, 밤에 이루어지는 접대라든지 사전 교섭과 같은 것을 통해 실질적인 이야기가 진행되는 경향이 많아서, 남자라 해도 논리만으로 일을 하는 것은 아닌 것 같다. 겉으로 인정하지는 않지만 감성에 의한 설득도 제법 이루어져 왔을 것이다. 남자들은 다만 그것을 인정하고 싶어 하지 않을 뿐이다.

남자와 여자를 비교하면 남자들은 역시 원칙상 논리에 구애받는다. 일단 합당한 이유가 없으면 결재 서류도 작성할 수 없다. 실질적으로는 결정하고 있어도 모양을 갖춰 놓지 않으면 앞으로 나아가지 않는 것이다.

그에 비하면 여성은 이론의 여지도 있겠지만, 일반적으로 사물을 감성적으로 받아들이고 전체적인 분위기로 판단하는 경향이 강하다고 말할 수 있다.

내가 알고 있는 범위에서 말하면, 사법 시험도 통과하고 논리적 사고 면에서도 최고수준에 도달해 있는 여성이라 해도, 잘 보면 곳곳에서 좋고 나쁘다는 감각적 판단을 하고 있다.

그러면 논리에 의한 설득과 감성에 의한 설득에는 어떤 장단점이 있을까?

먼저 논리에 의한 설득은 절차를 또박또박 밟아 나가기 때문에 실수가 적지만, 어떤 새로운 것에 도전하는 경우에는 그다지 적합하지 않다.

새로운 것에는 과거의 실적도 경험도 없기 때문에 논리적으로 설득하려고 해도 재료가 없다. 잘못하면 실패할지도 모르고 틀림없이 모험을 수반하기 때문에 설득도 상당히 어렵다. 세부적인 부분에서 말꼬리를 잡힐 수도 있어 판단을 내리기까지 쓸데없는 수고도 해야 한다. 회의에서도 쉽게 결정되지 않고…….

이처럼 모두 논리로 일을 처리하면 결국은 관습이나 종래의 방식에 얽매여 보수적이 되고 활력을 상실해 갈 우려가 있다. 바로 이것이 대기업병, 공무원병의 커다란 원인이기도 하다.

이렇게 보면 논리에 의한 설득이 결코 완전하지는 않다는 것을 알 수 있을 것이다. 틀리지는 않더라도 진보가 없다. 그런 점에서 감성은 섬광 같은 것이기 때문에 이유 따위는 문제가 되지 않는다. '좋아, 해 보자!' 고 모두가 동의하면 그것으로 끝난다. 특히 제안자가 모두로부터 신뢰받는 사람인 경우에는 결단도 빠르고 그 자리에서 곧바로 실행으로 옮길 수도 있다. 새로운 것을 개척하는 경우에는 이런 감성적인 설득이 매우 중요하다고 생각한다. 그러나 경험이 없는 만큼 기준이 모호해서 위험도 있다. 잘못하면 큰 상처를 입을 수 있다는 것이 결점이라고 할 수 있다.

결국 각각 장단점이 있지만, 적어도 남자가 암묵적으로 믿어 왔던 논리적 설득은 실은 그다지 유효하지 않다. 더구나 그것이 절대적으로 우월하다고는 말할 수 없다. 일상 업무에서는 감성에 의한 판단이 필요한 경우도 적지 않다. 앞으로 중요하게 생각될 생활 감각은 바로 감성이라는 것을 이해해야 할 것이다.

지금은 변화의 시대다. 새로운 것에 도전하고 계속 변화해 가지 않으면 안 되는 시대다. 구태의연한 수법 그대로 일관한 채

모험을 해가지 않는다면 존립할 수 없게 될 것이다. 그런 의미에서도 여성의 리더십이 요구된다고 할 수 있다.

지금까지 이야기한 것처럼 판단력과 조직관리 능력, 설득력 어느 것을 보아도 이미 여성을 간부로 등용하지 않으면 안 되는 시대에 와 있다. 앞으로는 남자 부장 밑에 여자 과장이 있다든지 남자 과장 위에 여자 부장이 있는 등 여러 가지의 모습을 볼 수 있을 것이다.

그러나 아직까지는 옛날 관습으로부터 벗어나지 못해서, 남자는 여자 관리자 밑에 있기를 싫어하는 경우가 대부분이다. 그런 사람들은 논리적 사고의 절대성을 주장하며 반대하지만, 지금까지 말한 것처럼 그 자체가 비논리적이어서 이유가 되지 않는다. 입으로는 그렇게 말해도 실제로는 세간의 이목이라든지 '남자의 체면' 이라는 잘못된 생각 때문에 감각적으로 싫어하고 있을 뿐이다.

여성의 능력에 대해 색안경을 끼지 않고 평가할 수 있는 남자야말로
앞으로의 조직이 원하는 인재다.

12. 여성 관리자가
   남자 직원을 더 잘 이끈다

　상황이 이렇다면, 남은 문제는 여성은 리더로서 어떻게 처신해야 하고 남자는 또 어떻게 의식을 바꿔야 하는가이다.
　지금도 여전히 보수적인 남성들이 많아서 편견을 갖고 자신들을 보고 있다는 것을 여성 관리자들은 알고 있다. 그러나 그들에게 잘 보이려 노력할 필요는 없다. 앞서 말한 여자 검사처럼 남성화되는 것도 잘못이다. 일 이외의 교제를 한다거나 마음에 들지 않는 서류를 집어던진다고 해서 근본적인 문제가 해결되지는 않는다. 여자의 소중한 장점을 잃어버린다면 회사로서도 마이너스일 뿐이다.

여성이 관리자가 되는 경우, 우선은 일에서 관리자로서의 실력을 보여 주어야 한다. 판단을 올바르게 하고 직원의 입장을 유연하게 이해하면서 그들이 갖고 있는 독특한 개성을 일 속에 살려 나가고 관리하는 것이다. 그리고 외부와 관리자를 정확하게 설득한다. 관리자가 관리자로서의 능력을 발휘해서 성과를 올린다면 트집 잡을 사람은 없을 것이다.

그러나 남자 직원들 중에는, "논리적인 면에서는 내가 한 수 위니까 거래처를 설득하는 일은 내가 더 잘한다."고 생각하는 사람도 있을지 모른다. 그런 직원이 논리를 앞세워 이러쿵저러쿵 이야기한다면, 가령 그것이 자신과는 다른 의견이라고 해도 무조건 부정하지 말고, 상대의 논리를 쫓아가면서 그 이상의 논리로 문제점을 지적해 전혀 다른 감각적인 판단을 보여 준다. 즉, 상대방의 논리에 이해를 표시하면서도 상대방이 '과연!' 하고 생각할 수 있도록 이끌어 가야 한다는 것이다.

관리자의 권한을 방패삼아 큰 소리로 상대의 의견을 감정적으로 윽박지르는 것은 가장 좋지 않은 방법이다. 그러면 직원은 신경질 내는 여자와는 같이 못하겠다는 생각을 하게 되고, 일할 의욕마저 잃어버린다. 이것은 남자가 관리자인 경우도 마찬가지다.

　관청 같은 곳에서는, "실력은 내가 나은데 형식상 여자를 관리직에 앉혔을 뿐이다."고 하면서 부당한 대우를 받고 있다고 생각하는 사람도 있다. 이런 사람들이 의욕을 잃지 않도록 하기 위해서는, 자기 생각과는 달라도 그의 의견을 일에 반영하거나 실패해도 피해가 크지 않을 것 같은 경우에는 그가 생각한 대로 해 보게 할 필요도 있다.

　그러나 이런 경우에도 "책임은 내가 진다."고 분명히 밝히고 실천하는 것이 중요하다.

　"여자라고 내 말을 안 듣는 것 같다."고 무심결에 푸념할 경우도 있을 것이다. 확실히 그런 남자들이 있다. 그러나 그런 말을 입 밖에 내면 감정론으로 그친다. 상대가 부당한 편견을 갖고 있어도 그것을 극복하고 납득시킬 수 없다면 관리자로서의 자격이 없다.

　평상시의 인간관계도 중요하지만 그렇다고 일부러 같이 어울리거나 술을 마시면서 교제할 필요는 없다. 결혼을 했다면 아이들을 보살펴야 한다든지 남편과의 약속이 있다는 이유로 당당하게 돌아갈 수 있어야 한다. 공과 사의 구별은 확실히 해 두는 것이다. 옛날 같으면 일에 열심이지 않은 관리자라고 생각했겠지만 지금은 오히려 그쪽을 더 좋게 생각한다. 험담을 듣더라도 무시할 각오는 해야 한다.

여자 관리자 밑에 있기가 싫다든지, 남 보기에 창피하다는 남자들이 적지 않다. 그러나 분명하게 말할 수 있는 것은 그런 남자들은 앞으로 출세할 수 없다는 것이다. 왜냐하면 그런 발상은 오로지 자신만을 위한 것이지 조직 전체를 생각한 것이 아니기 때문이다.

남자가 관리자이고 직원이 여자인 경우를 생각해 보도록 하자. 이것은 현재 아주 일반적인 형태다. 이때 관리자가 생각처럼 여성 직원을 잘 활용하고 있느냐 하면 그렇지도 않다. 일본 남성은 여성을 다루는 데 매우 서툴러서, 남자 직원이 데리고 일하기 편하다고 생각하는 관리자가 많다.

여기에는 몇 가지 원인이 있겠지만, 대개 여자는 '잠시 있다가 가는 존재'라든지, '여자는 논리적 사고를 할 수 없다'와 같은 여성에 대한 편견을 갖고 있기 때문이다. 아니면 자신은 그렇지 않지만, 사회에는 아직 편견이 있어서 여자가 교섭하러 가면 불리하기 때문에 여자들의 능력을 제대로 살리기 힘들다는 이유도 있을지 모른다.

어떻든 지금의 남자들이 여성 직원을 관리하는 능력은 일반적으로 변변치 못하다는 것이 부정할 수 없는 사실이다.

남자이기 때문에, 여자이기 때문이라는 관점에서 능력을 판단하는 것은 편견 이외의 아무 것도 아니다. 대학의 우등생 중에는 여자가 훨씬 많고, 일에 대한 의욕에서도 전반적으로 남자보다 여자가 더 적극적인 시대다.

그렇다면 여기에서 여성을 어떻게 다루고, 어떻게 일에서 살려 나갈 것인가라는 물음에 대한 답은 아주 간단하게 나온다. 무엇보다도 '여자이기 때문에'라는 편견을 버리고 남녀차별을 하지 않는 것이다. 이 일은 남자에게 맞고, 저 일은 여자에게 맞는다와 같은 사고는 이제 버려야 한다. 여자에게는 잔업을 시키지 않는 등의 특별대우도 하지 않아야 한다. 이것이 여성의 능력을 유효하게 활용하는 절대 유일한 방법이라고 나는 확신한다.

검찰청의 경우를 예로 들어 보면, 특수부는 업무가 심야에까지 연장되는 경우가 많아서 예전에는 특수부에는 여자 검사를 배치하지 않았다. 또, 살인 사건 같은 거친 세계를 다루는 데도 부적합하기 때문에 형사부보다 공판부 쪽에 여성을 배치하는 인사를 해 왔다. 검찰청뿐만 아니라 일반 회사에서도 예전에는 건설 현장처럼 여성에게 맞지 않는다고 생각됐던 업무가 상당히 많았다.

본인의 능력과는 상관없이 처음부터 그렇게 결정해 버리는 것은 차별과 마찬가지다. 그래서 내가 인사과장으로 있을 때는 수사 부문에도 여성을 단계적으로 배치해 나갔다.

법무성에는 전통적으로 여성 검사를 배치하지 않는 세 부문이 있다. 첫째는 관방 부문이다. 여기는 법무 행정의 중추로서 인사과나 비서과 같은 데는 여성 검사를 배치하지 않는다. 또 법무성에서 검사가 들어가는 곳으로는 형사, 민사 관계 법률을 만드는 형사국과 민사국이 쌍벽을 이루는데, 여기에도 여성은 들어가지 못했다.

내가 인사과장이 된 후부터 이 세 부문에 순차적으로 여성 검사를 들여보냈다. 결과적으로 그녀들은 정확하게 일 처리를 함으로써 어느 부서에서도 일할 수 있다는 것을 보여 주었고, 그 후 특수부에도 여성 검사가 들어가게 되었다.

물론 그것은 여성도 들어갈 수 있을 만큼 일이 쉬워졌기 때문이 아니라 남녀에 관계없이 그 사람에게 능력이 있기 때문이었다. 남자와 똑같이 평가하고, 똑같이 취급하는 것이 무엇보다 중요한 것이다.

인사과장으로 있을 때, 지방에 근무하는 관리자들로부터 종종 "여검사는 어떻게 다뤄야 합니까?"라는 상담을 받곤 했는데, 그 때마다 나의 대답은 언제나 정해져 있었다.

"간단합니다. 똑같이 다루면 돼요."

어느 직종에 대해 개인적으로 적성에 맞는다, 맞지 않는다는 있을지 모른다. 그러나 이 세상에 남자는 할 수 있지만 여자는 할 수 없는 일은 없다. 예를 들면 여자는 육체노동을 할 수 없다는 사고도 잘못된 것이다. 남자보다 힘이 센 여자가 있는가 하면 육체노동에 서투른 남자도 있다.

또 간호사처럼, 종래에는 여자의 일이라고 생각되어 온 일을 남자가 한다고 해서 안 될 것도 없다. 또 상당히 많은 남자들이 보모 일을 하고 있기도 하다. 즉 일에 대한 적성은 성별에는 관계없는 것이다.

남녀 두 사람으로 한 조를 만들어 일하게 하는 것을 꺼림칙하게 생각하는 기업도 있다. 남녀를 함께 짝지워 놓으면 미묘한 감정이 일어나지 않을까 쓸데없는 걱정을 하는 것이다. 이미 검찰청에서도 한 방에 검사와 입회 사무관을 남녀로 짜서 배치하는 일이 적지 않다. 여검사에 입회 사무관이 남자이기도 하고 그 반대인 경우도 있다.

일반적으로 기업에서는 부부를 같은 직장에 절대로 놓아두지 않는다. 하지만 이것도 생각해 보면 우스운 이야기다.

내가 인사과장이었을 때 어느 부부를 인사과에서 같은 방에 배치한 적이 있었다. 이 때 다른 부서 사람들은 깜짝 놀랐지만, 우려할 만한 일은 전혀 일어나지 않았다. 두 사람이 달라붙어 있는 불썽사나운 일도 없었고 일도 정확하게 잘 처리했다. 이런 경우는 미국이나 중국에서는 드물지 않다. 오히려 부인이 관리자인 경우도 있다.

　남녀 혹은 부부를 한 곳에서 일하게 한다고 해서 어떤 문제가 일어난다면, 그것은 그 사람들의 인간성 문제이지 관리상의 문제는 아니다.

　일본에서는 사내 결혼을 하면 반드시 한쪽이 직장을 옮겨야 한다. 물론 조직에 인사이동이란 반드시 있기 마련이지만, 특별히 부부가 되었다고 해서 같은 직장에 있으면 안 될 이유는 없다고 나는 생각한다.

　당연히 남녀 검사끼리 결혼하는 경우도 있다. 일반적으로 사생활을 제대로 하는 사람이 일도 열심히 할 수 있기 때문에, 나는 부부를 굳이 멀리 떨어뜨려 놓아서는 좋지 않다고 생각했다. 그래서 검사끼리 결혼해도 그대로 같은 부서에 두거나 둘 다 같은 집에서 출퇴근할 수 있는 곳에 배치했다.

　일본의 샐러리맨은 지방으로 발령이 나면 혼자서 내려가는 것을 아주 당연한 것으로 받아들이는데, 사실 이만큼의 에너지 손실도 없을 것이다. 물론 왜 사람들이 이런 인권을 무시한 처사를 그대로 용인하고 있는지 전혀 이해 못하는 것은 아니다. 여기에는 아이들을 좋은 대학에 보내기 위해 전학시키지 않는다든지, 지방에는 좋은 학원이 없다든지, 여하튼 부인이 남편보다 아이들 중심으로 생각하지 않으면 안 되는 잘못된 교육 현실이 같이 연결되어 있기도 하다.

　그러나 가족과 뿔뿔이 흩어지게 해서 일에 대한 정력을 빼앗아 버리는 이런 나쁜 관행을 해소시켜 나가지 않는다면, 본인이나 기업 모두가 불행하게 될 것이다.

　　이성의 직원을 쓰지 않으면, 일은 보다 성과있게 해 나갈 수 없다.

13. 능력 있는 부하가
방패인 무능력한 간부

 중간 관리자 중에는 자기 마음에 드는 직원을 계속 자기 밑에 두려는 사람이 있다. 어느 부서의 과장이 되면 과장 대리로 그 사람을 데리고 간다. 또 다른 부문의 부장이 되면 수석 과장으로 데리고 가고…….
 속셈을 모르는 것은 아니다. 능력이 있으니까 옆에 두면 편하기 때문이다. 그러나 곧 그 사람이 없으면 일을 할 수 없게 된다. 또 특정 관리자의 마음에 들었다는 이유만으로 자기 의지와는 상관없이 이리저리 끌려 다녀야 하는 직원 쪽 역시 괴로울 수밖에 없다.

물론 끌려 다니는 사람에게 좋은 일이 전혀 없는 것은 아니다. 예를 들어 관리자가 사장이 되면 부사장이 될 수도 있다. 그 다음에 사장이 된다면 샐러리맨으로서는 그 이상 없는 행운일 것이다. 그러나 그런 경우는 극히 드문 예외적인 경우라는 것을 알아야 한다.

일반적으로 톱의 자리에 앉을 수 있는 사람은 중간 관리자 때부터 어떤 사람이든 잘 다룬다. 특정 직원만을 애지중지하며 끌고 다니는 것은 모두로부터 힘을 이끌어 낼 수 있는 능력이 없다는 증거다. 일반적으로 이런 사람은 먼저 핵심 간부로 자리 잡을 수가 없다. 그런 사람에게 점 찍혀서 끌려 다녀야 한다면 그야말로 비극이다.

그 관리자가 차라리 여러 부서를 돌아다닌다면 그래도 좋은 편이다. 젊을 때 여러 가지 일들을 경험함으로써 발전할 가능성도 있기 때문이다. 그러나 그 관리자가 특정 부서에만 눌러앉아 있다면 그런 기회마저 없어서, 발전시켜야 할 능력을 펴보지도 못한 채 끝나 버리고 만다. 이것은 본인에게도 불행이고 조직에도 손해다.

또 특정 부서의 전문가가 되어 출세 길이 막히는 경우도 있다.

**"능력있는 직원을 계속 끌고다니는 것은
잔혹한 에고이스트다."**

예를 들어 "회계에서 이 문제를 해결할 사람은 이 사람밖에 없다."와 같은 말을 들으면 꼼짝 못하고 한곳에 눌러앉아야 된다.

관리자도 그가 없으면 일할 수 없기 때문에 인사 담당자가 이동시키려 하면 안 된다고 저항한다. 그리고 그 관리자를 대신해서 다른 관리자가 와도 역시 마찬가지여서 계속 거기에 머무르게 되는 것이다.

정말로 전문 지식을 필요로 하는 곳이고 본인도 그것을 바란다면 그 사람의 재능이 최대한 발휘될 수도 있다. 그러나 일반 사무직으로 조금만 훈련해서 익숙해지면 누구나 할 수 있는 일인데도, "자네는 이 일의 도사야.", "살아 있는 사전이야!"라고 추켜세워져서 '전문가'가 되었다면 이 또한 비극이다.

확실히 믿을 수 있는 직원이 옆에 있으면 편리하다. 그런 직원이 없어지면 불안할지도 모른다. 그러나 정말로 직원이 마음에 들고 그를 위한다면, 이동 시기가 왔을 때 눈물을 머금고 내줘야 한다.

그것은 본인을 위한 길이기도 하고 조직을 위한 길이기도 하지만, 동시에 관리자 자신을 위한 것이기도 하다. 특정 직원에게 의지하고만 있어서는 자신도 발전하지 못해 윗자리는 바라볼 수도 없기 때문이다.

관리자가 특정 직원을 자기 밑에 잡아 놓고 풀어 주지 않는다면 어떻게 하는 것이 좋을까. 이 때는 아랫사람이 관리자에게 분명하게 요구해야 한다. 일을 위해서 조직이 있는 것이다. 또 회사는 친목 단체가 아니다. 정말로 일이 좋고 조직이 커 나가기를 바란다면, 상대가 관리자라고 해도 용기를 갖고 정정당당하게 요구해야 할 것이다.

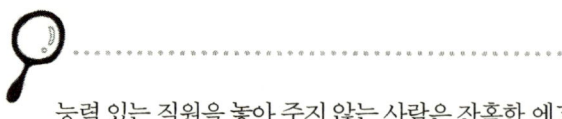

능력 있는 직원을 놓아 주지 않는 사람은 잔혹한 에고이스트이다.

14. 명선수가 반드시
   명감독이 되는 것은 아니다

 흔히 프로 스포츠의 세계에서는 "명선수가 반드시 명감독이 되는 것은 아니다."는 말들을 한다. 예전에 나가시마 자이언츠 감독이 감독을 할 때에도 그렇게 평하는 사람들이 있었다.
 '동물적인 감각'을 갖고 있다고 할 정도로 야구에 관한 한, 그는 뛰어난 재능을 타고난 사람이다. 그러나 너무나 천재적이었음에도 불구하고 그는 자기 수준을 보통이라고 생각해서, 처음 감독을 할 때는 선수들에게도 그 수준을 요구했던 것 같다.

천진난만한 인품 때문이기도 하겠지만, 현역 은퇴 후에 관리자로서의 훈련을 받지 않은 채 감독으로 발탁되었기 때문에 선수들에 대한 배려를 할 여유가 부족했을지도 모른다. 또 이겨야 된다는 부담감과 당시 팀 전력과의 격차 속에서 오는 초조감도 한몫 했을 것이다. 그런 연유로 관리자로서의 임무를 충분히 수행하지 못해서 당시로서는 퇴임할 수밖에 없었던 것 같다.

관리자가 자신의 능력 수준에서 직원을 판단해 버리는 일은 기업 현장에서도 자주 있는 일이다. 이런 경우 그 관리자가 우수하면 할수록 직원과의 틈은 더욱 깊게 벌어진다.

자기가 아무리 사원 시절에 우수했다고 해도, 처음부터가 아니라 조금씩 성장해서 그렇게 됐을 것이다. 그런데 그런 수준을 느닷없이 직원에게 요구한다면 상당한 무리가 생긴다. 붙어 있지 못하는 사람이 나오는 것도 당연하다.

크게 노력하지 않고서도 타고난 재능으로 우수한 성과를 달성해 온 사람은, 직원을 키우는 방법을 모르는 경우가 많다. 재능을 타고나지 않은 사람은 노력으로 보충해 가야 하지만 천재는 그 노하우를 알지 못한다. 그런 관리자는 그저 책망할 줄밖에 모른다. 그러면 그 직원은 점점 더 의욕을 잃게 된다.

이런 사람이 관리자가 되면 조직에는 오히려 마이너스가 된다. 관리자 한 사람만 부각되고 나머지 직원들은 모두 위축되어 조직 전체가 발전해 나갈 수 없기 때문이다.

따라서 인사권자는 평사원 시절에 아주 뛰어났던 사람이라면 관리자로서는 오히려 감점을 주는 게 좋다. 직원들을 단련시켜 재능을 이끌어낼 수 있는 방법을 알지 못하면서 단지 우수하다는 이유만으로 관리자가 된다면, 직원의 능력을 살려 내지 못해 결과적으로 조직을 망쳐 버릴 것이기 때문이다.

반대로 열심히 노력했지만 평범한 수준을 넘지 못하고 눈에 띄는 성과를 올리지 못했던 사람은, 노력의 방법을 알고 있고 출세 못하고 남의 밑에서 지내야만 하는 고통도 알고 있어서 사람들의 기분을 잘 이해한다. 그런 사람이 관리자가 되면 직원을 잘 다뤄 조직력을 더욱 발휘하는 경우가 많다.

야구를 예로 들자면, 수비할 때 다른 8명의 선수와 마주보고 투수의 컨디션에 신경을 쓰면서 항상 내·외야에 적절한 지시를 해야만 하는 포수는, 좋은 관리자로서의 능력을 배양할 수 있는 자리다. 인사권자가 그런 사람을 발탁해서 적합한 자리에 배치해 나간다면 조직 전체의 힘이 강화될 것이다.

그런데 그런 인사를 하면 반드시 조직 내에 파문이 일어난다는 것도 각오해야 한다. 특히 우수하다는 사람들로부터, "왜 저 친구가 나보다 위야?"라는 불만이 반드시 나오기 마련이다. 따라서 관리자로서의 능력과 개인플레이의 능력은 다르다는 것을 평소에 잘 설명해 두어야 그런 불만이 나오지 않는다.

　그러나 관리자학이라는 것은 따로 존재하지 않는다. 그러므로 먼저 관리자가 된 사람은 다음에 관리자가 될 사람에게 부단히 가르쳐 주어야 할 것이다.

　우수한 직원이 꼭 우수한 관리자가 되는 것은 아니다.
　우수하지 못한 직원이라고 해서 우수한 관리자가 되지 말라는 법은 없다.

15. 직원의 '가능성'에
   민감한 리더가 되라

 직원을 관리자로 키우는 경우, 여러 가지 분야를 알게 하고 다양한 경험을 하게 해서 시야를 넓혀 주는 것이 중요하다.
 관청에서는 2년 정도마다 자리를 옮기게 되어 있다. 그런데 관리자가 자주 이동하는 경우에는 어떻든 위험이 따른다. 특히 지금까지 일의 내용을 전혀 알지 못하던 부서로 부임하는 경우는, 그 밑에 숙련된 사람을 배치해 놓지 않으면 위험하다.
 그렇기 때문에 관청 같은 곳에서는, 관리자는 신임이더라도 그 부서 중에 한, 둘은 그 분야의 베테랑이라고 할 수 있는 직원이 근무하는 경우가 많다. 물론 이런 형태가 나쁘지는 않지만, 이것이 관리자가 빠지는 함정이 될 수도 있다.

왜냐하면 새로 와서 잘 알지 못하는 관리자는 아무래도 베테랑인 직원에게 의지해서 그 사람이 하라는 대로 하기 때문이다. 편하기 때문에 그 사람이 이것이다라고 하면 두말 않고 그렇게 하자고 결정한다. 결국 관리자는 자신의 머리를 전혀 쓰지 않아 무엇을 위한 관리자인지 알 수 없게 된다.

그런 베테랑들은 대개 경험주의자로 과거의 경험을 바탕으로 판단 내린다. 그러나 현대는 격동의 시대다. 사람들의 욕구도 계속 변하고 있다. 시민의 요구도 사회의 기구도 변화하고 있다. 따라서 과거의 경험에만 의존하여 판단하기보다는 처음부터 새롭게 판단하는 것이 더 올바른 경우가 많아졌다. 즉, 과거의 경험에 너무 의지하는 것은 위험하다는 것이다.

그러나 새로운 부서에 관리자로 부임했을 때에는, 무엇보다도 먼저 직원 중에 누가 어느 정도의 지식을 갖고 있는지, 얼마나 믿을 수 있는지를 파악해 두는 것이 필요하다. 그것을 알게 되면 이 직원에게는 이 정도는 맡길 수 있다든지, 이것을 맡기면 위험하다든지 판단을 할 수 있다.

그러나 조직을 긴 안목으로 본다면, 단순히 지금의 능력만을 쓰도록 해서는 안 된다. 조직의 장래를 생각해서 지금은 없는 능력도 끌어내서 키워 가야 한다.

예를 들어 특수부처럼 특별한 업무를 처리하는 부서가 있다고 해 보자. 그 관리자가 좋은 실적만을 생각한다면, 특수부에 들어와서 오랫동안 근무한 사람이나 특수 사건에 경험이 있는 사람들만을 모아서, 이동시키지 않고 계속 베테랑으로 키워 가며 그들만을 관리하면 된다. 그러면 쉽게 좋은 성과를 올릴 수 있을 것이다.

그러나 그 관리자가 떠나고 베테랑들도 윗자리로 올라가고 나면, 후계자를 키우지 않아서 조직의 힘이 거기에서 끊어져 버린다. 그 전의 관리자는 성과를 올렸을지 모르지만 조직 전체에서 보면 커다란 손실을 보는 것이다.

관리자는 직원의 미래를 위해 부족한 부분을 보충해 줘서 발전시킬 수 있는 데까지 발전시켜야 한다. 관리자로서의 판단 능력을 최고로 시험해 볼 수 있는 것은, 직원의 발전 가능성을 잘 살펴 어떻게 발전시키는지를 보는 것이다.

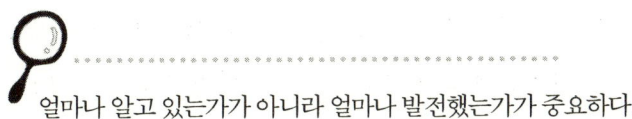

얼마나 알고 있는가가 아니라 얼마나 발전했는가가 중요하다.

직원의 '가능성'에 민감한 리더가 되라

16. 업무상의 '보고'에서 유의해야 할 점

　직원과 관리자가 가장 빈번하게 접촉하는 경우는 아무래도 업무에 대해 보고할 때일 것이다. 관리자에게 보고할 때를 보면 너무 눌변이어서 전혀 말하는 요령을 모르는 사람이 있다. 또 둘러앉아 이야기할 때는 제법 잘 하다가도, 보고할 때면 이야기가 산만해져서 무엇을 말하려 하는지 전혀 알 수 없는 사람도 있다. 자신이 알고 있으니까 관리자도 알고 있을 것이라고 전제하고 들쑥날쑥 이야기를 진행시켜서, 상황을 전혀 파악할 수 없는 보고를 하는 사람도 또한 있다. 어쨌든 보고 능력이 아주 형편없는 직원인 경우, 특히 영업 관계 일에는 맞지 않을 것 같다.

그러나 회사일이라는 것이 보고만 잘한다고 되는 것은 아니다. 말하는 요령은 없을지라도 기획 관계에서는 훌륭하게 일을 처리하는 사람도 있다. 업무에는 여러 가지 능력이 필요하다. 검사의 경우에도 보고를 잘한다고 해서 용의자나 참고인으로부터 진실을 밝혀내는 능력까지 뛰어난 것은 아니다.

보고를 잘하려면 전체를 요령 있게 간추려서 이야기할 줄 아는 능력이 필요하다. 그러나 피의자를 자백시키는 데는 전체를 정리해서 요령 있게 이야기하는 능력은 필요 없다. 드러나지 않게 상대의 마음속으로 파고들어가 진실을 이끌어 내야 하기 때문에, 이것은 전혀 다른 능력이라고 할 수 있다.

그런데 단지 보고만을 들은 상태에서 "이 녀석, 머리가 정말 나쁜 친구군." 이라고 생각해, "이런 녀석이라면 제대로 자백을 받아 낼 턱이 없지." 라든지 "이렇게 요령 없이 보고하는 친구가 매출을 늘릴 수 있겠어."라고 판단해 버린다면 그것은 커다란 잘못이다.

물론 보고는 관리자가 직원과 직접 만나는 유일한 접점이기 때문에, 보고하는 모습을 보고 모든 것을 판단해 버리는 경향이 있다. 즉 전부는 아니더라도 보고하는 능력에 커다란 비중을 두고 직원을 평가할 가능성은 매우 크다.

그러나 보고 능력이 뛰어난 사람에게 맞는 일이 있음과 동시에 보고 능력과 관계없는 일도 많이 있다.

큰 조직에서는 윗자리로 올라갈수록 직원과 만나는 기회가 적어져서, 대기업의 사장이라도 되면 한 사업부의 부장도 좀처럼 만나지 못한다. 하물며 과장이나 대리와 직접 만날 기회는 거의 없을 것이다.

그처럼 평소에는 쉽게 만나지 못하는 직원으로부터 보고를 들을 경우, 횡설수설 종잡을 수 없이 이야기한다고 해서 그 이유 하나만으로 "저 녀석은 형편없군." 하고 단정해 버린다면 실로 위험하다. 보고를 받는 관리자는 그 내용을 어느 정도나 보고 능력과 연관시켜야 하는지를 확실히 파악해 두어야 하는 것이다.

한편 직원 쪽에서도 설령 평소의 일처리 능력과 그다지 관계가 없다고 해도, 보고는 관리자가 직원을 판단하는 데 매우 중요한 요소라는 점을 염두에 두고 훈련을 해 두어야 한다.

보고는 일종의 설득이다. 일을 하다 보면 반드시 다른 사람을 설득시켜야 하는 경우가 생긴다. 능숙하지는 않더라도 요점을 정리해서 상대가 이해하기 쉽게 전달할 수 있도록 노력하는 것은, 일에서만이 아니라 긴 인생살이에서도 매우 중요한 일이다.

검사 세계에서는 '보고 검사는 되지 마라'는 말이 있다. 이것은 아직 받지도 않은 자백을 마치 받은 것처럼 보고하는 것과 같은 일은 절대로 해서는 안 된다는 의미를 담고 있는 말이다.

보고라면 나도 부끄럽기 짝이 없는 기억이 있다. 아직 1년차 신참 검사시절의 일이다. 신참이라고는 해도 당시는 수십 건이나 되는 사건을 처리하느라 매우 바빴는데, 그 중에 도검 불법 소지 사건이 하나 있었다.

상대가 죄를 인정하고 있는 간단한 사건이었다. 벌금 사범이어서 지체 없이 약식으로 된 수속 승낙서를 갖고 결재를 올렸다. 당시 지청장은 후배 검사를 엄하게 지도하는 타입이었는데, 나를 불러서는 "어떤 도검이었나?"라고 물었다.

총포 및 도검에 관한 법을 위반한 것은 분명했기 때문에 나는 서류만 보고 실물은 보지 않았었다. 솔직하게 "못 보았습니다."고 말했으면 좋았을 것을 태만을 감추기 위해 무심결에 "보통 칼입니다."라고 대답해 버렸다.

그러나 결국 "보통이라면 어떤 모양이지?"라며 추궁을 당했고 거짓말이 탄로 나서 크게 창피를 당했다. 그 이후로 나는 절대로 무책임한 보고는 하지 않겠다고 다짐을 했다.

'보고 직원'을 만들지 않기 위해서는, 무엇보다도 관리자가 먼저 본래의 보고의 의미를 알고 있어야 한다. 그것을 바탕으로 보고의 내용만이 아니라 직원의 인간미까지 간파할 수 있는 힘

업무상의 '보고'에서 유의해야 할 점

을 갖추면 최고라고 할 수 있을 것이다.

　신임 검사였던 나를 교육시킨 지청장처럼, '관리자는 그렇게 간단하게 속일 수 없다'는 것을 때로는 보여 줄 필요가 있다.

보고만으로 직원의 능력을 판단하는 것은 위험하다.

17. 재능이 없는
      사람은 없다

　인간의 능력은 실로 다양하다. 하나의 일에서 사용하는 능력은 어디까지나 전체 능력의 일부에 불과하기 때문에, 그것만을 가지고 그 사람의 전체를 판단해서는 안 된다.
　영업을 시켰는데 고객에게 말도 잘 못 걸고, 나가기도 싫어하며, 전화 거는 것조차 너무 서툴러서 도무지 일을 시킬 수가 없다. 그런데 기획 일을 시켰더니 기막힌 아이디어를 생각해 내는 사람이 있다.

반대로 무엇이든지 잘하는 우수한 사람이 의외의 부분에서는 어처구니없는 짓을 하는 경우도 있다. 또한 몇 가지 일을 시켜 봐도 하나를 제대로 못하던 사람이 어떤 특정한 일에서는 놀랄 만한 재능을 발휘하는 경우도 있다. 요컨대 이 세상에 재능이 하나도 없는 사람은 없다는 말이다.

인원이 몇 안 되는 작은 회사라면 시키는 일마다 잘 못한다면 곤란하다. 그러나 관청이나 일반 기업이라면 구제할 수 없는 인간이라고 못 박지 말고, 다른 부문에서 능력을 발휘할 수는 없는지를 여러모로 잘 살펴보아야 한다.

검사의 경우에도, 특수부에서는 아주 무능력하던 사람이었는데 법무성으로 옮겨 법률을 입안하도록 했더니 아주 뛰어난 능력을 발휘했다는 예가 있었다. 물론 법무성에서 뛰어난 능력을 보였던 검사를 특수부에 데리고 왔더니 아주 형편없었다는 사례도 있다.

특히 대기업의 경우는, 일단 사원이 입사하면 능력만을 이유로 해고시킬 수 없기 때문에 그 사람을 어떻게든 살려서 이끌어 가야 한다. 젊을 때는 여러 부서를 순환시켜 그 사람의 능력을 발견해 가는 것도 하나의 방법일 것이다.

자칫하면 관리자는 담당하는 일을 제대로 못하면 그것으로 그 사람의 전부를 부정해 버릴 수 있다. 그러나 가능성이 있을지도 모르는 다른 부분을 찾아내서 인사권자에게 알려준다면, 그 능력을 발휘할 길이 어딘가에 있을 것이다. 거기까지 해야 비로소 '능력 있는 관리자'라고 불릴 수 있다.

어떤 분야에서는 무능력한 사람이 다른 분야에서는 의외의 능력을 발휘하는 경우가 있다.

18. 결재하는 사람과
　　　결재받는 사람

　　자신이 100의 일을 완수하는 것과 타인이 한 90의 일에 대해 10의 부족을 지적하는 것은 난이도가 다르다. 즉 관리자가 100의 일을 지시했는데 직원이 한 일은 90밖에 안 된다고 해 보자. 직원은 0에서 시작해서 열심히 노력해 거기까지 도달했지만, 관리자는 처음부터 100의 관점에서 보고 10의 부족을 지적한다. 이것은 극히 쉬운 일이다.

　　부족한 점을 지적당하면 직원은 "역시 관리자는 달라!" 하면서 감탄할지 모른다. 이것은 직원의 착각이다. 그러나 직원이 관리자를 존경하는 것은 나쁘지 않으니까 그렇게 생각하게 두는 것도 괜찮다. 문제는,

"내가 직원보다 능력 있어."라든지

"신통치 않은 녀석이야."라고 관리자가 잘못 생각해 버리는 것이다. 그 가운데에는 보고서에 쓴 한자가 틀렸다는 것을 지적하면서 그것으로 자신의 능력이 한 수 위라고 생각하는 관리자도 있다.

10의 부족을 발견하는 것은 극단적으로 말하면 10만 알고 있으면 가능한 일이다. 1988년에 나는 고후 지방의 검찰청에 지청장으로 부임했다. 처음으로 한 지청의 장이 된 것인데, 이 자리는 사건 결재가 계속 올라온다. 그것을 하나하나 보다 보면 부족한 부분만 눈에 들어와서, 기소를 해도 모두 무죄가 될 것 같았다. 내가 결재 서류를 제출하던 시절의 일은 까맣게 잊어버리고 후배 검사의 서투른 부분만 눈에 띄었던 것이다.

생각해 보면 검사가 용의자로부터 100의 자백을 받아낸다는 것은 거의 불가능하다.

"처녀가 애를 배도 할 말이 있다."는 말이 있듯이, 아무리 죄를 인정하고 자백을 한 사람이라도 분명히 자신을 정당화하고 싶은 마음이 들기 때문에, 검사 자신은 100의 자백을 받아냈다

결재하는 사람과 결재받는 사람

고 생각해도 으레 10이나 20 정도의 부족함은 나오기 마련이다. 더구나 최종 책임을 져야 하는 관리자 쪽에서는 그 부족함이 매우 잘 보인다. 오히려 더 증폭되어 보인다고도 말할 수 있다.

취조로 80의 자백을 받아냈다면 대단한 것이지만, 재판에서 진실을 가린다는 측면에서 보면 80은 어디까지나 80에 불과하다. 더욱이 피해자의 증언과 틀린 부분이 나오면 더욱더 줄어들어 60 정도로 보이게 된다. 그래서 관리자는

"왜 좀더 철저하게 자백받지 못했나!"라고 검사를 질책하게 되는 것이다.

그러나 일방적으로

"이것으로는 기소할 수 없다."고 퇴짜를 놓는다면 현장을 뛰는 검사는 입장이 난처해진다.

피의자는 피의자 나름대로 이유가 있어서, 검사가 아무리 하나의 방향을 잡고 추궁해 들어가도 그와 어긋나는 부분이 있기 마련이다. 이것이 바로 정상 참작의 요인이 되기도 하는 극히 인간적인 부분인 것이다.

거기에도 허용 범위라는 것이 있는데, 그 부분마저도 모두 완벽하게 검사의 수사 방향과 일치시켜 놓는다면 오히려 진실을 왜곡하여 인간미 없는 재판이 되고, 범죄인의 갱생과도 연결되지 못하게 된다.

내가 후배 검사였을 때는, 그런 허용 범위 내의 차이에 대해서는 선배로부터 아무리 책망을 들어도 결코 양보하지 않았다. 그런 패기만만한 후배였던 내가 결재하는 입장이 되었다고 해서 태도를 표변해 버린 것은 좋지 않은 일이다.

그렇지만 실제로 결재 서류를 훑어 보면 부족한 부분만 유독 눈에 쏙 들어와서 저절로 잔소리를 하고 싶어지는 것도 사실이다. 관리자가 되어서야 비로소 예전 선배들의 심정을 알 수 있었던 것이다.

물론 너무나 허용 한도를 넘어서는 일에까지 아무 말 않는 것은 좋지 않다. 그러나 기소하기 전에 어디까지가 허용 한도이고 어디부터가 한도를 넘어서는지는 판정하기 힘들다. 그럴 때 질질 끌려 다니면서 갈피를 못 잡으면 정신 건강에도 좋지 않아 스트레스를 받을 수밖에 없다.

이렇게 해서는 안 되겠다고 생각하고 나는 이렇게 결정했다. 잔소리를 하고 싶어지는 것은 올라오는 결재 서류를 보기 때문이다. 보지 않으면 된다. 그러면 보지 말자. 즉, 상당히 중요한 사건이 아닌 한 결재를 안 하고 현장의 검사들에게 맡겨 버린 것이다.

이것은 생각하지 못했던 효과를 가져왔다. 판단을 맡긴다는 것은 개개 담당 검사의 책임이 무거워지는 것과 다름없다. 내가 결재를 그만두자마자 응석을 부리던 분위기가 없어졌고 조직 전체가 긴장되었다.

일반 형사 사건에서는 경찰이 용의자를 체포해서 취조한 다음 2일 이내에 피의자의 신병과 서류를 검찰청에 송부하는데, 검사는 사건 당초부터 수사에 관여해서 경찰 수사관을 지휘할 수도 있다.

검사 입장에서는 경찰이 보내온 조서를 보면 부족한 점만 눈에 띄게 된다. 그래서 저절로 경찰관에 대해

"도대체 당신 어떻게 수사를 한 거요?"라며 트집을 잡게 되는 경우가 적지 않다.

그러나 그런 비난은 잘못된 것이다. 왜냐하면 경찰과 검찰은 역할 분담이 엄연히 다르기 때문이다. 나는 경찰이 정말 잘하고 있다고 생각한다. 용의자를 체포한 지 겨우 이틀 만에 그 정도의 수사를 하라고 한다면 아마 반 이상의 검사는 못 해낼 것이다.

양쪽은 어디까지나 협력 관계인데도, 검사가 경찰관보다 신분이 높다고 생각하고 방자한 태도로 시시콜콜 참견한다면 현장의 형사들은 유쾌하지 않을 것이다. 그런 관계가 계속되면 양자의 관계도 어색해져 자기 일도 하기 힘들어지게 된다. 이런 것은 어느 쪽에나 좋지 않다.

요약해서 말하면, 결재하는 사람은 결재 받는 사람의 부족한

점을 왈가왈부하기 전에 거기에 도달하기까지 어느 정도의 노력이 있었는지를 알아주는 것이 중요하다는 것이다.

물론, 절대적으로 꼭 필요한 부분이 부족하다면 전체와의 균형 속에서 그것에 대해 정확히 주의를 주어야 하는데, 그것도 수고했다고 위로한 다음에 해야 한다.

설명도 하지 않고 그저 호통만 친다거나 서류를 되돌려 보내는 관리자는 관리자로서 실격이다. 그런 관리자는 직원들도 속을 뻔하게 보고 업신여긴다는 것을 알아야 한다.

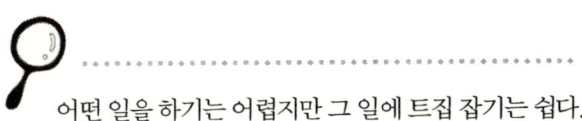

어떤 일을 하기는 어렵지만 그 일에 트집 잡기는 쉽다.

19. 능력 없는 직원으로부터의
　　　좋은 평판

　관리자인 자신의 말에 부하 직원이 반론을 펴면, 먼저 감정적으로 신경이 곤두서게 된다. "과장님은 그렇게 말씀하시지만……." 하고 직원이 말을 되받으면, "이 자식이 나를 우습게 아는 건가?"라는 기분을 느끼는 것이다. 사실 이것은 어느 정도는 누구나 다 느끼는 감정이다.
　그러나 내용도 제대로 안 듣고 감정만 앞서서 화부터 낸다거나 그냥 억지로 눌러 버리기를 밥 먹듯 하고 그것도 부족해서 상대의 승진을 막아 버린다면 큰 문제이다.

모처럼 아래로부터 나온 의견을 관리자의 개인적인 감정으로 꺾는다든지 습관적으로 눌러 버린다면 직원도 기분이 상한다. 그러면 다음부터는 관리자가 반대하리라 생각되는 것은 처음부터 피해 가려 할 것이다. 이처럼 직원에게 순종을 요구하는 관리자 아래에서는 조직의 힘은 점점 작아지게 된다. 관리자의 그릇이 작을수록 조직의 힘은 쇠퇴하는 것이다.

인사권자는 이런 점도 잘 살펴보아야 하는데, 이상한 것은 이런 관리자의 평판이 꼭 나쁘지는 않다는 것이다. 확실히 일반의 평판을 들어 보면, 직원에게 노력을 요구하는 엄한 관리자보다 직원에게 순종을 요구하는 관리자 쪽이 좋은 경우가 많다. 일할 의욕도 능력도 없는 직원으로서는 그저 지시받은 것만 하면 되기 때문에 편안한 존재일 것이다.

스스로 고민해서 제안할 필요도 없고, 무엇을 지시받든 지시받은 대로만 해놓으면 도장을 찍어 준다. 그러면 "저 녀석은 내 말을 잘 듣는군." 하며 좋아하니 이처럼 다루기 좋은 관리자도 없다. 거기에다 밤에 술이라도 따라주면 금상첨화다.

반대로 그들이 싫어하는 경우는, "자신의 머리로 생각하라.", "좀더 노력해서 이 정도 수준까지는 돼야 한다.", "적극적으로 제안하라." 며 노력을 요구하는 관리자와 만나는 것이다.

따라서 인사권자가 어느 사람에 대한 평가를 그 직원으로부터 듣는 경우는, 그 직원이 어떤 수준에 있는지를 파악한 후가 아니면 정반대의 평가를 할 수도 있다. 능력 없는 직원으로부터 아무리 좋은 평판을 받는다 해도 좋은 관리자라고는 할 수 없기 때문이다.

엄하기는 하지만 직원에게 노력을 요구하는 관리자가, 순종을 요구하는 관리자보다 훨씬 좋다.

20. 직원의 도움 요청에는
　　적극적이어라

　일할 의욕이 없는 직원이 관리자에 대해 투덜거린다면, 그 관리자가 일을 정확하게 시키는 엄한 사람이기 때문이다. 이것은 관리자에게 훈장과도 같다. 반대로 일할 의욕이 없는 직원으로부터 관리자가 칭찬을 받는 경우라면 당연히 수치라는 것을 명심해야 한다.
　아울러 열심히 일하려는 직원으로부터 불평을 듣는 것도, 관리자로서는 수치이다. 이와 같이 의욕 있는 직원이 투덜댄다는 것은 자기 의욕을 충분히 발휘할 수 있게 해주지 않거나 정당하게 평가받지 못하는 데 있다.

이런 경우는 분명히 직원의 능력을 끌어내지 못하는 관리자이거나, 너무 독선적이어서 직원을 위축시켜 버리는 관리자이다. 어느 쪽이든 조직에는 마이너스다.

일반적으로 관리자란 직원이 가르쳐 줄 것을 청하면 우월감으로 기분이 좋아 가르치게 된다. 이것은 그다지 나쁘지는 않다. 그러나 그 중에는 우월감에 젖은 나머지 배움을 청하러 온 직원의 자존심에 상처를 주는 폭언을 하거나 자기 자랑만 해대는 관리자도 있다.

그래도 과정이야 어떻든 결과적으로 정확히 가르쳐 주기만 한다면 아직은 구제의 여지가 있다. 그러나 가장 나쁜 것은 모처럼 직원이 배우려고 찾아왔을 때, "그런 것도 몰라!" 하고 화를 낸다거나 "내 얘기를 알아들으려면 10년은 더 있어야 돼!"라면서 쫓아내는 것이다.

이것은 자기도 잘 모른다는 것을 직원에게 들킬까봐 두려워서 그러는 것이라고 생각하면 틀림없다. 즉, 자신의 생각을 갖고 있지 않거나 지도 능력이 없는 관리자라는 것이다. 대개는 이런 사람이 신경질적인 반응을 나타낸다.

때로는 직원이 자기를 시험하려고 그러는 것은 아닐까 억측을 하고 더욱더 과잉 반응을 나타내는 관리자도 있다.

이런 관리자는 이미 구제 방법이 없다. 불행한 이야기지만, 이런 무능한 관리자는 가능한 한 상대하지 말고 인사이동으로 다른 관리자와 만날 수 있기를 기다려야 한다.

직원 입장에서 보면, 모처럼 업무지도를 부탁했는데 혼만 난다면 실망스러울 것이다. 그럴 때는 스트레스를 받거나 낙담하지 말고 관리자를 무능하다고 생각해 버리면 된다. 그런 관리자 때문에 기분을 상하거나 의기소침해 있으면 자신만 손해일 뿐이다.

관리자의 한계가 보일 때는, 치켜세우든 적당하게 구슬리든 상대가 불쾌하지 않도록 하면서 받아야 할 도장은 확실히 받아, 보다 멋지게 일을 처리하는 것이 가장 좋다.

조언이나 지도를 받으려 할 때 혼을 내거나 괴롭히는 관리자라면, 당신보다 무능한 사람이다.

21. '나를 따르라'는 식의 독선주의는 안 된다

    자기 나름대로 실적을 올렸다고 해서 자기 방법만 고집하고 그것을 직원에게 강요하는 관리자가 있다. 다른 방법은 전혀 허락하지 않고 "나를 따르라!"며 엉덩이를 찬다……. 이래서는 아무리 의욕이 있어도 조직에는 플러스보다 마이너스가 크다.
    무능하고 의욕이 없는 관리자는 플러스는 되지 않아도 적어도 마이너스는 안 되기 때문에 조직에는 오히려 더 좋다. 결재할 때도 귀찮은 이야기를 하지 않는다. 무능하기 때문에 "이렇게 해라, 저렇게 해라." 하지 않으니, 결국은 직원이 하는 것을 인정할 수밖에 없다.

이런 관리자 밑이라면 직원이 발전은 못해도 억눌리지 않는 만큼, 갖고 있는 능력을 거의 발휘할 수 있다. 직원을 어떤 틀 속에 집어넣고 그에 맞지 않는 사람은 바보로 만들어 버리는 것에 비하면 오히려 조직 전체의 능력이 살아나는 것이다.

왕정치 선수가 현역에 있을 때 외다리 타법으로 수없이 많은 홈런을 날렸다고 해서, 감독이 된 뒤 소속 선수 모두에게 외다리 타법으로 때리라고 한다면 어떻게 될까? 물론 그런 일은 없겠지만, 기업의 세계에서는 의외로 이런 일이 많이 일어난다.

의욕이 없는 관리자가 좋다는 뜻은 아니다. 의욕이 있는 쪽이 좋지만, 그렇다고 너무 독선적인 관리자라면 직원의 능력을 죽여 버릴 수도 있으므로 주의가 필요하다는 것이다.

독선적이면서 의욕이 있는 관리자는 일에 몰두하기 때문에 믿음직스럽게 보여서, 인사권자는 무의식적으로 그 사람을 아끼게 된다. 그러나 그 사람이 직원을 잘 살려 나갈 수 있는 능력을 갖고 있는지를 확인한 후가 아니라면 정말 위험하다.

> 일에 대한 의욕만 앞서는 독선적인 관리자보다는 차라리, 무능하고 의욕이 없는 관리자가 더 낫다.

'나를 따르라' 는 식의 독선주의는 안 된다

22. 휴가 승인에 결코
   미적대지 마라

　직원이 휴가 가는 것을 본능적으로 싫어하는 관리자가 적지 않다. 그러나 이런 식으로 심술을 부린다면 직원의 마음은 관리자로부터 점점 멀리 떨어져 나갈 것이다.
　또 정말로 부하 직원이 휴가를 떠나서는 안 되는 곤란한 사정이 있다면, 관리자는 그 이유를 명확히 직원에게 설명해야만 한다. 신입사원이나 어지간히 무신경한 사람이 아니라면, 당사자도 지금 휴가를 가야 할 상황인지 아닌지를 알 것이다. 가령 그 직원이 지금이라면 괜찮다고 판단해서 휴가를 신청했는데도 납득할 만한 설명도 하지 않고 승인을 주저한다면, 일할 기분이 없어져 버릴 것은 분명하다.

일의 형편이나 객관적인 사유로 승인을 미룬다면 몰라도, 직원을 쉬게 하면 마음이 해이해진다든지, 쉬는 동안에 의욕이 없어지면 곤란하다든지 하는 이유 같지 않은 이유로 승인을 꺼리는 경우도 적지 않다. 그 중에는 자기보다 윗사람이 왔을 때 직원이 휴가중이면 관리 능력을 의심받을까 두려워 직원의 휴가를 싫어하는 관리자도 있다. 남의 눈이 두려워 직원의 휴가를 꺼리는 관리자는 실질보다 형식에 치우치는 타입에 많을 것이다.

종업원이 유급 휴가를 갈 때 그 이유를 말할 의무가 없다. 그리고 관리자는 이유를 물어서도 안 되는 것이 일반적이다. 유급 휴가는 일하는 사람들의 권리이기는 하지만, 휴가를 사용함으로써 정상적인 운영에 지장을 초래할 수 있을 경우에는 회사 측이 그 시기를 변경할 수도 있다. 이 때 역시 휴가에 대한 이유를 말할 필요는 없고, 관리자 또한 "왜 쉬려고 해?" 따위로 물어서도 안 된다.

휴가를 신청하는 쪽에서 이유를 대는 것이 유리하다고 생각하면 문제는 없다. 그러나 그것이 일상화되면 관리자가 이유의 내용에 따라 판단하게 될지도 모르므로 주의가 필요하다. 평상시에 일을 잘하는 사람의 휴가는 바로 승인해 주고, 신통치 않은 사람의 휴가는 잘 내주려 하지 않는 경우가 많다. "뭐라고? 일은 변변하게 하지도 못하면서 휴가는 다 찾아먹으려고 해?"라고 말이다. 이렇게 직원의 평상시 일에 대한 태도가 관리자의 태도로 반영되는 것은 어쩔 도리가 없을지도 모른다. 그러나 그 다음을 생각해야 한다. 휴가를 주지 않는다고 과연 그 직원의 일에 대한 태도가 좋아질 것인지를.

공부하기 싫어하는 아이를 억지로 책상 앞에 앉혀 놓으면 점점 더 공부를 싫어할 것이다. 그것과 마찬가지다. 휴가는 기분 좋게 인정하고, 그 대신 "여기까지는 확실하게 해 놓게."라는 식으로 지도해 나가는 것이 훨씬 효과를 올릴 것이다.

원래 신세대 직원들이 아닌 중간 관리직에 있는 사람들은 휴가를 별로 가고 싶어 하지 않는 경향이 있다. 집에 있어도 자신이 있을 만한 장소가 없고 특별한 취미도 없다. 아이들 공부에 방해가 된다든지 해서 고장 난 가전제품 취급을 받을 뿐이다. 그러나 사무실에 있으면 냉난방도 잘 되어 있고 직원도 있다. 직원이 모두 다 있는 편이 더 즐겁고 안심이 되기도 한다.

그 중에는 정말 일이 좋아서 휴가는 적이라고 생각하는 중간 관리자도 있을 것이다. 그런 관리자가 위에 있으면 직장 전체가 휴가 가기 힘든 분위기가 되고 의리상 잔업도 횡행하게 된다. 일

은 끝났는데도 일찍 퇴근하면 열심히 일하지 않는 사람처럼 생각될까봐 누군가가 일을 하고 있으면 할 일도 없으면서 행동을 같이 하기 위해 남아 있다. 이것은 결국 쓸데없는 잔업 수당을 지불하게 되어 회사에 손해를 입힌다. 그러면 휴가를 안 가려는 관리자를 어떻게 하면 쉬게 할 수 있을까?

지금은 법무성의 관리들도 유급 휴가를 제대로 쓰고 있지만, 예전에는 휴가를 가지 않는 사람들이 대부분이어서 쉰다는 것만으로 열심히 일하지 않는 사람처럼 생각되었다. 그래서 나는 인사과장이 된 후 첫 여름휴가철이 다가왔을 때, 같은 과의 20여 명 정도 되는 과장 대리들에게 다음과 같이 지시했다.

"여름휴가 기간이 종료되는 시점에서 아직 휴가를 10일 이상 남겨 두고 있거나 직원 중에 그런 사람이 있는 경우는, 왜 휴가

휴가 승인에 결코 미적대지 마라

를 가지 못했는지 그 이유를 해명해야 합니다."

여름휴가는 7월 10일부터 9월 10일까지다. 유급 휴가는 1년에 20일, 이월분이 있는 사람은 30일까지 갖고 있었다. 이 2개월 동안 20일이 남은 사람은 10일, 30일을 남겨 두고 있는 사람은 20일의 휴가를 사용해야 했다. 결과는 어떻게 됐을까? 여전히 일을 좋아해 쉬기를 싫어하는 사람이 몇몇 있어서, 마감일인 9월 9일에 3시간을 채워 가까스로 잔여 일을 10일 이하로 만든 사람들도 있었지만, 어쨌든 한 사람도 빠짐없이 휴가를 소화했다.

물론 이와 같은 방식은 편법이다. 그러나 그 다음 해부터는 누가 뭐라 하지 않아도 모두들 적당히 휴가를 사용해서 직장의 분위기도 상당히 달라졌다. 이것은 인사과만의 조치였지만, 인사과가 변하면 다른 부서에도 파급된다. 지금은 법무성 전체가 매우 홀가분하게 휴가를 즐기는 분위기가 됐다고 전해 들었다.

조직이 톱니바퀴 하나만 빠져도 멈춰 버리는 체제라면 휴가를 가고 싶어도 못 갈 것이다. 따라서 평소에 이중 배치를 해 두어, 한 사람이 쉬어도 다른 사람이 이를 보완할 수 있는 체제를 만들어 두어야 한다.

특별한 이유가 없는데도 휴가 승인을 꺼리는 관리자는, 근무 시간 중에 놀고 있는 직원을 묵인하는 관리자와 마찬가지로 나쁘다.

23. 세대를 뛰어넘는 '대화'를 많이 하라

젊은이와 나이 든 사람 간의 세대차이는 고대 그리스 시대부터 있었다. 그래서 어느 시대건 나이 든 사람들은,

"요즘 젊은 것들은……." 이라는 말을 하기 마련이다. 말하자면 이런 이야기다.

"요즘 젊은 애들은 돼먹지가 않았어.",

"뭘 생각하는지 알 수가 없어.",

"다른 나라 사람 같아.", "꼭 우주인 같아.

"또한 모든 시대의 젊은이들 역시 "시대에 뒤떨어진 노인네가……."라면서 투덜거려 왔다.

인간은 일단 받아들인 가치관에서는 쉽게 벗어날 수 없기 때문에, 누가 뭐라 해도 자신이 맞다고 생각하는 경향이 있다. 따라서 사고방식에 세대간의 단절이 생기는 것이다.

다만 고대나 중세처럼 변화가 별로 없거나 그 변화가 서서히 일어나던 시대에는, 인간의 일생이라는 시간 단위에서는 가치관이 그다지 변하지 않았을지도 모른다. 물론 고대나 중세에도 가치관이 갑자기 크게 변한 적이 있었을지 모르지만, 한 전쟁이 백년간이나 계속된 적도 있기 때문에 그런 일은 극히 드물다.

그러나 근대 이후에는, 농경이 시작되고 난 다음 수천 년에 걸쳐 일어난 변화에 필직하는 격심한 변화의 파도가 밀어닥쳤다.

채취와 수렵으로 살아가던 시대와 비교하면 농업의 시작은 인간 사회에 대변화를 몰고 왔을 것이다. 도구와 기술은 말할 것도 없고, 가족에서 조직의 모습에 이르기까지 엄청난 변화가 일어났을 것이다. 그리고 그 이후로는 줄곧 농업을 기반으로 한 사회가 계속되었다.

그 다음은 산업 경제를 기반으로 하는 시대다. 영국에서 발생한 18세기의 산업혁명은 인류가 경험한 두 번째의 대변화였다.

세계적으로 보면 아직 큰 변화가 일어나지 않은 나라도 많이 있지만, 일본의 경우는 실로 짧은 시간에 극심한 변화를 겪었다. 따라서 아주 얼마 되지 않는 시간 차이로 자라온 환경도 받은 교육도 차이가 나게 되었다. 당연히 가치관도 각 시대의 영향을 받아 세대별로 큰 차이를 보이게 된 것이다.

나이가 든 사람들은 지금까지의 인생 경험에 기초한 판단 재료를 많이 갖고 있어서, 거기에 비춰보면서 자신이 취해야 할 행동을 선택해 간다. 무엇인가를 하려다가도 자신의 경험에서 비추어 볼 때, 무리라고 판단되면 포기하든지 사회적인 평판을 생각해서 그만두는 경우가 많다. 말하자면 나이를 먹으면서 사물에 대한 사고가 노화되어 가는 것이다. 또 욕망 자체도 점점 사그라져 간다.

그에 반해 젊은 사람들은 그 때 좋다고 생각한 것, 하고 싶다고 생각한 것이 바로 사고의 전면에 나와서 그것을 직접적인 행동으로 전개시켜 나간다. 주위에서 어떻게 생각하든 전혀 개의치 않는다. 나이 든 사람들처럼 남의 눈이나 풍문을 의식하지 않고 자신의 뜻에 충실한다. 경험은 적지만 욕망이 강하기 때문에 이러한 행동 패턴을 보여 주는 것이다. 좀더 상세하게 연대별 차이를 비교하며 알아보기로 하자.

70대 이후의 사람들은 관(官)을 '주인' 이라고 생각해서, "주인이 도와주시다니 황송하다." 는 감각을 갖고 있다. 그래서 무엇이든지 스스로 해야 된다는 마음가짐을 갖고 있어 제법 리버럴한 부분도 있다.

그런데 제2차 세계대전 중에 사춘기를 보낸 60대 사람들은 사고에 절대주의적인 경향이 있어서, 모든 사람이 그것에 동화되지 않으면 안 된다는 감각을 갖고 있는 사람들이 상당히 많다.

그 다음부터 2차 세계대전 직후에 태어난 세대, 즉 40대까지는 빈곤한 시대를 경험했기 때문에, 일하는 것이 미덕이고 근면 성실하게 노력하면 반드시 보답을 받는다는 생각을 적잖게 갖고 있다. 한편 관에 대해서는 반발을 하면서도 받아들이는 부분이 있다.

그러나 그 밑의 세대로 가면, 치열하게 경쟁하면서 열심히 일하는 정신이 희박하다. 즉, 즐기면서 살고 싶다, 재미있게 생활하고 싶다는 경향이 강한 것이다.

세대별로 이러한 미묘한 차이가 있기 때문에, 직원을 다스릴 때도 그 사람이 어떤 가치관을 배경으로 갖고 있느냐에 따라 대응이 달라져야 한다. 예를 들면 40대까지는 달성 목표를 제시하고 성적을 막대 그래프로 게시해서, 이를 초과 달성하도록 마구 독려하면 필사적으로 일한다. 자사가 업계 3위라면,

"분발해서 2위 회사를 따라잡자."고 공표하고 냅다 밀어붙이면 반드시 효과가 있다. 그들을 일하게 하는 데는 그다지 세밀한

작업이 필요하지 않다.

　그런데 그 이후의 세대가 되면 그런 방식으로는 바보 취급을 받을 뿐이다. 그들은 막대 그래프 따위에 크게 의미를 느끼지 못한다. 엉덩이를 때리면 폭력이다, 성희롱이다 하여 추궁을 받을지도 모른다. 그들은 회사가 제일이라고는 생각하지 않는다. 그러나 재미있다면 일을 한다.

　자신의 가치관을 강제로 주입시킨다거나,

　"나를 따르라!"고 해봐야 허공을 향한 외침이 될 뿐이다.

　"내가 이렇게 고생하고 있으니 자네들도……."라고 눈물로 호소한다고 통할 성질의 것도 아니다. 그렇게 해봐야 자기만 바보가 될 뿐이라는 것을 알아야 한다.

　그렇다면 세대 차이가 나는 부하 직원과 어떻게 접촉하고 커뮤니케이션을 해야 할까? 그것은 젊은 사람들의 의견을 잘 듣는 것이다. 예를 들면 하나의 테마를 주고 그들에게 마음대로 발언하게 하는 것이다. 그런 회의를 빈번하게 갖는 것이 중요하다고 생각한다.

　고후지방 검찰청에 있을 때 이것을 시험해 본 적이 있었다. 전체를 여러 섹션으로 나눈 다음 거기에 젊은 사람들을 참여시켜서, 직장 환경이라든지 구체적인 그때그때의 문제를 각 섹션에 테마로 나누어 주고 자유롭게 의견을 말하도록 한 것이다.

다른 사람의 말을 비난해서는 안 된다는 것이 유일한 규칙이었다. 아무리 말도 되지 않는 이야기라고 생각돼도 타인의 의견을 공격해서는 안 된다고 결정한 것이다.

이 규칙으로 회의를 하면 아무 거리낌 없이 발언하기 때문에, 자연히 젊은 사람들의 사고방식이나 느끼는 바를 알 수 있다.

그 중에서 특히 여성의 의견을 듣는 것이 좋다. 남자가 관리자인 경우, 부하 직원들 중 남자들은 처음에는 상당히 긴장해서 그다지 속마음을 드러내지 않는다. 그러나 여성들은 정직하게 자기 의견을 직설적으로 말해 주는 경우가 많았다.

그것이 여성 본래의 성정인지, 출세를 생각하지 않아서 눈치 보지 않고 느끼는 대로 말할 수 있는 것인지 모르겠지만, 적어도 내 경험으로는 남성보다 여성 쪽이 이야기를 잘했다. 특히 회식 자리 같은 데서 이야기를 듣는 경우에도 남성보다 훨씬 많은 정보를 얻을 수 있었다.

물론 이런 이야기를 모두 다 그대로 믿는 것은 아니다. 다양한 여러 의견 중의 하나로, 또는 정보를 끌어모으는 방법의 하나로 참고하면 된다.

"요즘 젊은이들은 다른 나라에서 온 사람 같다."고 말하는 사람은 가치관의 다양화에 대응할 수 없는 사람이다.

24. 직원의 책임감을
키워주는 리더가 되라

관리자에 대해 불평을 늘어놓는 경우도 많지만, 부하 직원에 대해 불평하는 관리자도 적지 않다. 설령 아무리 좋은 직원을 쓰고 있어도, "내 직원은 안 돼. 책임감이 없다니깐." 하고 한탄하는 관리자도 있는 것이다. 이런 사람은 아주 곤란한 관리자이다.

처음부터 직원에게 100을 요구하고, 그것을 달성하지 못하면 바로 책임감이라곤 없는 사람이라고 단정해서 동료나 상급 관리자에게 떠벌리는 것이다.

책임감은 여러 가지 평가 중에서도 인간의 가장 기본에 관계되는 것 중의 하나이다. 따라서 책임감이 없다고 평가받는 것은 그야말로 인간성을 부정당하는 것과 마찬가지로 매우 두려운 것이다. 그렇게 평가받는 쪽은, "너는 멍청하다."는 말을 듣는 것과 마찬가지의 타격을 받는다. 아니 차라리 "저 녀석은 멍청하긴 하지만 일에 대한 의욕은 있어."라는 말을 듣는 편이 오히려 낫다. "저 녀석은 책임감이 없어."라는 말을 듣는다면 평가는 거의 제로인 것이다. 책임감이란 조직인에게는 가장 기본적인 자질이다. 따라서 그것을 부정당한다면 조직에서의 존재 이유를 부정당하는 것과 마찬가지다.

조직에서 되는대로 행동하는 사람이란 없다. 그런 직원이 있다면 그것은 입사시킨 사람의 책임이다. 아무리 능력이 떨어지는 직원이라도 그 나름대로의 책임감을 갖고 일하기 마련이므로, 어느 한 사람의 책임감을 부정하는 말을 그렇게 간단하게 사용해서는 안 된다. 자신은 50 정도밖에 할 수 없음에도 직원에게 100을 요구하고, 그것을 하지 못하면 모두 직원 탓으로 돌려 버리는 최악의 경우도 있다. 처음부터 달성 불가능한 것을 강요하고, 그것을 해내지 못했다고 해서 "책임감이 없다, 조직인으로서 실격이다."는 말을 듣는다면 직원은 견딜 수 없을 것이다.

내가 인사과장으로 있을 때도 "내 직원은 책임감이 없다."고

처음부터 달성불가능한 것을 강요하고, 그것을 해내지 못했다고 해서 책임감이 없는 직원이라도 비난해서는 안 된다.

호소하는 중간 관리자가 있었지만, 나는 그 말을 믿지 않았다.

　직원에게 책임 전가를 하는 경우는 논외로 치고, 실제로 책임감에 문제가 있는 직원이 있다면 그 책임감을 길러 주는 것은 관리자의 몫이다. 그것을 못한다면 자신의 무능함을 천하에 공표하는 것과 같다는 것을 명심해야 한다. 직원의 책임감을 탓하는 것은 자신에게 책임감이 없다는 것과 마찬가지다. 인사권자는 그 직원에 대한 평가를 낮게 매기기보다 오히려 그 관리자에게 마이너스 점수를 주어야 한다.

직원에게 책임감이 없다고 한탄하는 사람이 있다.
직원의 책임감을 키우지 못한 것은 그 관리자의 책임이 더 크다.

직원의 책임감을 키워주는 리더가 되라

25. 큰 소리로 칭찬하고
　　작은 소리로 비난하라

　최근에는 학교 교육이나 사회 교육의 장에서도 칭찬의 의미를 아주 많이 인정하고 있는 것 같다. 이것은 바람직한 일이다.
　얼마 전까지만 해도 일본에서는 비방이나 비판만 있어 왔다. 즉, 잘못된 것을 잘못됐다고 꾸짖는 것만이 교육의 기본자세라고 생각해 왔다.
　좋은 부분을 보려 하지 않고, 아무리 좋은 일을 해도 그것은 당연한 것이라 여기고 오히려 결점만 파헤쳐 온 것이다. 결점이 어느 정도 되느냐로 사람을 평가하는 방법은 아직까지도 고쳐지지 않고 있다.

매스컴도 그렇고 학술 논문을 평가하는 데서도 마찬가지다. 입학시험이나 입사 시험, 자격시험 등에서의 모든 평가 기준은 100점 만점이라는 이상적인 목표치로부터 얼마나 부족한지를 따지는 방식이다. 따라서 주어진 100점 이상의 무엇을 갖고 있다 하더라도 그것을 평가해 주는 방법은 존재하지 않는다.

학교든 사회든 기본적으로 평가 방법이 그렇기 때문에, 평상시에도 자신도 모르게 그 기준에 서서 상대의 좋은 면은 별로 보지 않고 그 대신 나쁜 점, 좋지 않은 점만 철저하게 지적하고 질타하는 게 아닐까. 그러나 사람을 키운다는 의미에서는 이런 방식은 거의 효과가 없다.

친구가 해준 이야기가 있다. 미국의 어느 고등학교에서 이런 실험을 한 적이 있다고 한다. 즉, 학생들을 평가할 때 A라는 학급은 칭찬만 하는 것이다. 무조건 좋은 점만을 찾아내서 철저하게 칭찬만 한다. 그리고 또 다른 학급 B에서는 학생들의 나쁜 점을 찾아내서 꾸중만 하는 것이다. 이 두 학급을 비교해서 그 효과를 검증하는 실험이었다. 교재는 똑같은 것을 사용하고 각각의 방식대로 수업을 계속했다. 그 결과는 어떻게 됐을까?

처음에는 결점을 찾아내서 꾸중을 한 학급 B가 훨씬 성적이 올라가는 것 같았다. 그러나 그것은 처음에 잠시뿐이었고, 얼마 지나지 않아 상승 곡선이 한계에 도달하면서 그 후에는 선생이 아무리 꾸중을 해도 거의 효과가 없었다. 오히려 성적은 하강 곡선을 그려 나갔다.

한편 무조건 칭찬만 한 A학급은 처음에는 성적 향상이 B학급에 비해 완만했지만, 그 후 착실하게 계속 향상되어 결국에는 B학급을 제쳤고 나중에는 그 차이를 크게 벌려 놓았다.

확실히 꾸중을 하면 그 당시에는 바짝 긴장한다. 그래서 잠시 동안은 매우 주의하면서 노력을 해 성적도 올라간다. 그러나 그것은 자존심을 건드려서 분발하게 만드는 일종의 충격 요법에 불과하다. 꾸중을 들으면 불쾌하기 때문에, 가능한 한 그것을 피하려고 한다. 그리고 어떻게든 꾸중을 안 들으려고 노력하다 보면 일시적으로 대단한 에너지가 필요하게 된다.

그러나 아무리 노력해도 칭찬받지 못하고 다른 결점이 들춰져서 또 추궁당한다면, 학생들은 무엇을 위해 노력하는지 알 수 없게 된다. 그러면 다음부터는 상처받지 않도록 자기 방어를 하기 때문에 꾸중을 들어도 무시해 버려 효과가 없다. 더구나 무조건 무시할 수도 없어서 꾸중을 들은 것에 대한 불쾌감만 쌓이면서 점점 싫증나, 성적도 하강 곡선을 그리게 되는 것이다.

인간은 본능적으로 쾌락을 추구하기 마련이다. 칭찬받으면 기분이 좋기 때문에 더 많이 칭찬받고 싶어 하는 것이 인간의 심리다. 따라서 칭찬만 한 A학급 쪽이 첫 동작은 둔하지만 훨씬 상승 기조를 유지하게 된다.

다만 그 사이에 칭찬받는 데 익숙해져서 같은 칭찬을 받아도 점점 효과가 약화된다는 어려움은 있다. 그러나 언제나 똑같은 칭찬이더라도 잠자코 있는 것보다는 훨씬 더 낫다. 비록 "아주 잘 했어!"라는 한 마디일지라도 아무 말도 하지 않는 것보다는 효과가 있다.

이 실험에서도 알 수 있는 것처럼, 기본적으로는 칭찬이 사람을 성장시킨다. 아이들이나 학생, 직원을 성장시키는 데는 꾸중보다는 칭찬을 기본으로 하는 것이 효과가 있다.

그러나 고의로 일을 엉망으로 만들거나 나태한 사람은 칭찬하면 안 된다. 무시하는 것도 좋지 않다. 게으름을 피워도 혼나지 않는다고 느끼게 하면 오히려 악영향을 미치기 때문이다. 그러므로 꾸짖어야 할 부분은 정확히 꾸짖어야 한다.

다만 게으름을 피웠다든지 실수를 저질렀다든지 실패한 경우에는 본인도 꾸중 듣는 것을 당연하게 생각하기 때문에, 자존심을 상하게 할 정도로 호되게 꾸중할 필요는 없다. '확실히 해야 한다.'라는 정도로, 이 쪽에서 책망하고 있다는 기분을 상대방에게 전하는 것만으로도 충분하다. 또한 그 자리에서 분명하게 알아듣도록 말해야 한다. 뒤에 가서 깐족거리는 식으로 이야기해서는 불쾌하기만 할 뿐 반성하는 마음은 생기지 않는다.

이렇게 생각하면 어떤 관리자가 좋은지는 분명하다. 가장 훌륭한 관리자는, '칭찬해야 할 때 칭찬하고 꾸짖어야 할 때 꾸짖는 관리자'이다. 아무리 많이 해도 좋다. 칭찬하는 기준을 서서히 높여 가면 당사자는 더욱 분발해서 보다 더 향상되어 갈 것이다. 그러나 꾸중은 필요한 최소한도에서 그쳐야 한다. 상대의 태만이나 실수에 대해 그냥 넘어가지 않는다는 기분을 전달하는 수준이 좋다. 이 양쪽을 잘 구사할 수 있는 사람이 가장 훌륭한 관리자이다.

두 번째는, '칭찬할 필요가 없을 때 칭찬하고, 꾸짖어야 할 때는 꾸짖지 않는 관리자'이다. 진혀 꾸중을 하지 않고 칭찬만 하더라도 그것은 그 나름대로 직원의 사기를 올려서 전체로서는 상당한 성과를 올릴 수 있다.

고의로 게으름을 피우거나 나태한 사람은 극히 적다. 대부분은 그 나름대로 일을 하기 때문에, 직원의 자발성을 전제로 한다면 이런 관리자를 두 번째로 꼽을 수 있다고 생각한다.

그러나 칭찬을 해도 칭찬의 기준을 올려가지 않으면 점차 효과가 없어진다. 불필요한 일에까지 칭찬을 하다 보면, "뭐야, 이 사람은 이렇게까지 나를 낮게 보는 거야?"라고 생각하게 만들어 오히려 상대의 자존심에 상처를 주게 될지도 모른다.

꾸짖어야 할 때 꾸짖지 않는 관리자는 확실히 좋은 관리자는 아니다. 그러나 꾸짖어야 할 때가 실제로는 그만큼 많지 않기 때문에 그리 큰 결점은 되지 않을 것이다.

다음에 '칭찬도 하지 않고 꾸짖지도 않는 관리자'가 있다. 직원에 대해 아무 말도 하지 않는 무기력하고 무능력한 관리자는 직원으로부터 존경은 받지 못하지만 직원의 자주성을 해치지 않는다는 점에서 플러스적인 면도 있다.

처음부터 고의로 실패해야겠다고 생각하는 사람도 없고, 일부러 게으름을 피워야겠다고 생각하는 사람도 없다. 어떠한 이유로든 조직에 들어온 다음에는 누구나 그 나름대로 일을 하고 싶어 한다. 적어도 자신에게 부여된 책임만은 달성하려고 생각하는 사람이 대부분이다.

그 때 관리자가 칭찬도 하지 않고 꾸중도 하지 않는다면, 직원은 자주적으로 일할 수밖에 없다. 직원의 에너지를 살린다는 의미에서 보면 이 세 번째 타입도 그다지 피해는 주지 않는다.

가장 나쁜 것은 '칭찬해야 할 때 칭찬하지 않고 꾸중할 필요가 없을 때도 꾸중하는 관리자'이다. 즉, 언제나 화만 내는 관리자, 트집만 잡는 관리자이다.

꾸중만 계속 들으면 직원은 "어차피 인정받지 못할 바에는 노력해야 할 의미가 없다."고 생각하게 된다. 또 관리자가 꾸중을 하면 할수록 "저런 녀석과는 말도 하기 싫다."는 기분이 들어 관리자로부터 점점 더 멀어져 간다. 특히 완벽주의자로서 자신의 장인적인 유능함에 자신을 갖고 사원 시절부터 우수한 성적을 올린 사람들이 이런 관리자가 되기 쉽다. 자기 이외의 사람은 모두 열등하게 보여서 일년 내내 꾸중만 하는 것이다.

이런 사람은 자신이 무엇을 위해 꾸짖는지 전혀 알지 못하는 것이다. 직원을 키우겠다는 생각에서도 아니고, 다만 자신의 우월성을 과시하고 싶어 감정이 시키는 대로 꾸짖을 뿐이다.

또한 관리자로서의 권한을 과시하고 싶어서, 새디스트적인 쾌감을 얻고 싶어서 마구 꾸중을 하는 사람도 있다. 무능한 사람이 감당할 수 없는 자리에 앉게 되면, 열등감의 반발로서 그런 경향을 보이는 경우가 있다.

그런 사람은 직원을 꾸짖을 때, "좌우지간 너는 틀렸어.", "너 같은 녀석은 사표나 써!"와 같은 식으로 상대의 인간성을 멸시하는 방법을 쓴다. 무엇이 어떻게 나쁜지를 구체적으로 지적해서 상대방을 이해시키는 능력이 없기 때문이다. 이런 관리자의 직원이 된다는 것은 그야말로 재난이다.

전쟁 중에 적과 전투를 할 때 그런 타입의 장교가 아군인 부하

"칭찬할 때 칭찬하고 꾸짖어야 할 때 꾸짖는 리더가 되라."

로부터 뒤에서 총탄을 맞았다는 이야기도 있다.

인사권자는, 그런 관리자가 될 염려가 있는 사람은 그런 성향을 고친 다음에나 사람들을 관리하는 자리에 앉히도록 해야 할 것이다.

 리더십 순위

1. 칭찬해야 할 때 칭찬하고, 꾸짖어야 할 때 꾸짖는 리더
2. 칭찬할 필요가 없는데 칭찬하고, 꾸짖어야 하는데 꾸짖지 않는 리더
3. 칭찬하지도 꾸짖지도 않는 리더
4. 칭찬해야 할 때 침묵하고, 꾸짖을 필요가 없을 때 꾸짖는 리더

26. 상벌은 빠르고
정확할수록 좋다

　관청이든 기업이든 조직에는 근무 규칙이 있어서 그것을 위반하면 징계라든지 견책 같은 처분을 받는다. 잘못한 일을 그냥 넘기지 않는 것도 재발을 방지하기 위해서나 조직관리를 위해서나 반드시 필요하다. 다만 문제가 되는 것은 일을 잘한 사람에 대한 처우 문제다.
　인사 기록에는 '징벌'과 나란히 '표창' 항목이 있는데, 징벌에는 경고, 견책, 감봉, 그리고 마지막으로는 해고까지 있다. 각 조직마다 어느 정도의 잘못을 저지르면 어떤 징벌에 해당되는지가 대체적으로 정해져 있을 것이다. 그런데 표창에 대한 기준은 거의 정해져 있지 않다.

사람을 다루어 조직을 운영해 가는 제도에서, 벌을 주는 부분에 대한 기준은 있고 칭찬하는 기준이 없다는 것은 아주 부자연스러운 일이다.

어떤 사람의 능력을 이끌어 내고 의욕을 불어넣어 주기 위한 관리자의 직원에 대한 관리법으로는, 칭찬이 6-8할, 주의를 주는 것은 1할 이하 정도의 비율이 좋다.

물론 성격에 따라서는 칭찬을 해도 그다지 효과가 없으며 따끔하게 꾸짖는 것을 화끈하다고 생각하는 사람도 있고, 또 어지간히 혼이 나서는 아무 반응도 없는 사람도 있기는 하지만, 아무리 둔감한 상대라도 꾸중이 반 이상 되면 오히려 마이너스가 된다. 하물며 예민한 신경을 가진 사람에 대해 5할이 넘게 꾸중을 한다면, 일할 의욕도 없어지고 잘못하면 정신병을 얻거나 회사를 그만두는 일이 일어나기도 한다.

즉, 조직을 관리하는 입장에 있는 사람은 상대방의 성격에 따라 조심해서 대처해 나가야 한다는 것이다. 하물며 화가 났다고 해서 그냥 꾸짖기만 한다면 말할 필요도 없이 관리자로서의 자격이 없다. 그리고 징계만이 아니라 상을 주는 것도 제도화해서 어떤 형태로든 그것을 구체적으로 제시해 두어야 한다.

사실 잘못한 일과 달리 잘한 일이라는 것은 상당히 유형화하기 힘든 면이 있다. 그러나 의식적으로 직원을 칭찬해 나가면 점차 사례가 집적되어 갈 것이다. 일하는 보람이라는 의미에서도, 일을 잘 했을 때의 대가를 정확하게 제도화해 두는 것이 좋지 않을까?

더욱이 중요한 점은, 칭찬이라든지 꾸중은 시기를 잃으면 효과가 반감한다는 것이다. 어느 수의사한테 들은 이야기인데, 말을 길들일 때 잘못했을 때는 그 자리에서 채찍으로 내려쳐야 한다고 한다. 잠깐만 지나서 혼을 내도 효과가 없고 혼을 내지 않고 그대로 두면 그 습관은 영원히 고쳐지지 않는다는 것이다.

반대로 가르친 것을 말이 잘 수행했을 때는 바로 당근을 주어서 칭찬을 한다고 한다. 그렇게 하지 않으면 잘하던 것도 나중에는 다시 못한다는 것이다.

말과 똑같다는 것은 뭣하지만, 인간도 꾸짖을 때와 칭찬할 때는 바로 그 자리에서 하는 쪽이 보다 선명하게 기억에 남고 효과도 크다. 절차가 필요한 처벌이나 포상이라도 가능한 한 조속하게 처리하는 것이 중요하다.

그리고 일단 꾸짖고 난 다음에는 잊어버려야 한다. 하나의 잘못에 대해 추근추근 물고 늘어지면서 몇 번이고 야단친다면, 직원은 반성은커녕 반감을 갖고 점점 일할 의욕을 잃게 될 것이다. 반면에 칭찬을 하는 경우는 나중에라도 몇 번이고 사례로 끄집어내는 것이 좋다.

일을 잘못했을 때 징계하는 것은 필요하다.
그러나 일을 잘했을 때 그에 합당한 처우를 해주는 것은 더더욱 필요하다.

27. 관리자가 잡일에만
　　매달릴 경우

　　관리의 기본은 직원의 힘을 최대한 이끌어내 일에 활용하는 것이다. 따라서 자신이 무엇을 하는가는 그다지 중요하지 않다.
　　물론 직원으로서도 결코 할 수 없는 일이 있다. 예를 들어 우리 사회에서는 아직도 실력보다는 지위를 중시하는 경향이 있기 때문에, 어떤 일에서는 직원이 충분히 처리할 수 있는 일임에도 상대가 부하 직원보다 높은 직위의 사람일 때에는 결국 관리자가 나서지 않으면 안 된다.

관리자가 아니면 안 되는 그런 부분을 제외하고는, 직원의 힘을 끌어내는 것이 가장 우선시해야 하는 일이다. 관리자는 직원에게 맡겨도 될 일인지 아닌지에 대한 정확한 판단을 먼저 내려야 한다.

그러나 직원도 많고 저마다 성격도 수준도 달라, 이것저것을 하나하나 생각하려면 매우 번거롭고 신경도 많이 쓰인다. 그래서 그 정도는 차라리 자신이 해 버리는 쪽이, 일이 제대로 될지 불안해하는 것보다 낫다고 생각하게 된다.

확실히 그렇기는 하다. 그러나 그렇다고 해서 직원에게 아무것도 시키지 않고 관리자가 일을 다 해치워 버리는 식이라면 직원은 영원히 성장하지 못한다. 성적이 일시적으로는 떨어진다 해도 조직의 장래 능력을 생각한다면 무엇보다 중요한 과제는 직원을 키우는 것이다.

일단 직원에게 맡기고 나면 그 다음에는 잠자코 기다려야 한다. 이것은 유능한 관리자에게는 괴로운 일이다. 그러나 직원은 놀고 있고 부장이 일하느라 바쁘다면 조직의 능력은 결국 부장 1인분밖에 사용하지 않는 것이다. 이것은 '관리'라는 임무를 저버린 것과 같다.

의욕을 갖고 열심히 일하는 직원이 결재를 받으려고 해도, 관리자라는 사람이 항상 바빠서 봐 주지도 않는다든지 자리에 없어서 그 자리에서 업무가 멈춰 버린다면 조직 전체의 힘은 약해진다.

조직의 인사에서는 일반적으로 사원 시절에 우수했던 사람이 관리자가 되기 때문에 관리자가 능력이 있는 것은 당연하다. 그렇기 때문에 관리직에 있는 사람들은 이런 유혹에 쉽게 빠질 수 있다.

직원 각자의 능력을 십분 발휘토록 해서, 전체로서 부장 혼자서 일하는 것보다 몇 배의 일을 할 수 있게 만들어야 비로소 조직의 관리자라고 말할 수 있다.

직원이 할 수 있는 일은 물론이고, 조금만 가르치면 되는 일 등은 직원에게 자꾸 일을 내맡겨야 한다. 자신이 하면 잘 할 수 있는 일이라도 꾹 참고 관리자는 가능한 한 손을 대지 말아야 한다. 하물며 잡일을 한다는 것은 말도 안 된다. 이런 마음의 준비를 하고 조직관리로 물러나지 않는다면, 자기 혼자만 눈코 뜰 새 없이 바쁘고 조직 전체의 힘은 살아날 수 없다.

> 관리자는 직원이 해야 할 일을 자신이 해야 안심이 되는 함정에 빠지기 쉽다.
> 관리자는 잡일을 하면서 일을 하고 있다고 생각해서는 안 된다.

28. 관리자에게는
　　 칭찬보다는 조언을

　관리자가 직원을 칭찬하는 것은 중요하지만, 직원이 관리자를 칭찬하는 것은 조직 안에서는 특별히 필요한 일이 아니다.
　관리자가 할 일은 직원을 관리하고 교육해서 그들의 힘을 발휘시키고 조직을 훌륭하게 이끌어 가는 것이다. 직원이 관리자로 하여금 업무 수행을 잘하게 한다는 것은 본말이 전도된 일이다. 직원의 월급 중에는 그것에 해당하는 보수가 포함되어 있지 않다.

이것은 두말할 것도 없는 당연한 이야기다. 그러나 이에 대해 특별히 언급하지 않으면 안 되는 상황이 있다면 문제다. 실제로 관리자를 칭찬하는 직원이 적지 않아서, 술자리 같은 곳에서 관리자에 대한 칭찬 경쟁을 벌이는 모습을 흔히 볼 수 있다.

물론 관리자를 진심으로 칭찬하는 경우도 있겠지만, 속으로는 안 그러면서도 관리자에게 미움 받지 않고 출세하고 싶어서 칭찬하는 경우가 대부분이다. 이것은 칭찬이 아니라 아첨하고 알랑거리는 것에 불과하다.

일본 사회를 전체적으로 보면, 관리자가 직원을 칭찬하는 일은 적고 직원이 관리자를 칭찬하는 일만 많다.

아첨은 관리자에게 자만심을 갖게 해서 조직 운영에 악영향을 미친다. 또한 관리자에게 아첨해서 능력 없는 사람이 중요한 자리에 발탁된다면 이 또한 조직에는 마이너스다.

조직에서 필요한 것은 직원이 관리자에 대해 조언을 하는 것이다. 자신이 직접 말하기 힘들 때는 관리자의 윗사람에게 보고해서 윗사람으로부터 충고받도록 하는 것이 가장 좋겠지만 그런 것은 고자질이라고 여겨 꺼리는 것도 사실이다. 진정으로 조직을 위한 것이라면 고자질이 될지라도 해야 하지만, 실제로는 자신의 야심 때문에 다른 사람을 깎아내리기 위한 고자질도 많아 관리자로서도 진실을 가려내기가 상당히 어렵다.

관리자의 자존심에 상처를 주지 않는 솜씨 좋은 언변으로 문제점을 지적하는 것이 가장 좋다. 그러나 그렇게 하기 어려울 경우에는 아첨이 아니라 그 관리자의 정말로 좋은 점을 찾아내서 칭찬하는 것도 나쁘지 않다. 그것으로 관리자가 성장해서 결과적으로 직원이 일하기 좋아지는 경우도 있기 때문이다.
　그러나 실제로는 술자리 같은 데서 관리자와 함께 있을 때는 실컷 칭찬을 하다가도 관리자가 먼저 가고 나면 모두들 목소리 높여 욕을 해대는 모습을 드물지 않게 볼 수 있다. 이것은 관리자를 바보 취급하는 것으로 조직에는 아주 좋지 않은 일이다.

관리자에 대한 직원의 칭찬은 그다지 필요하지 않다.
차라리 솜씨좋은 언변으로 문제점을 조언해 가라.

29. 아첨받기를 좋아하는
　　리더는 낙제

　　아첨이 효과가 없으면 누구도 아첨하려 들지 않을 것이다. 그러나 아첨을 하면 기분이 좋아진 관리자가 큰일을 맡긴다든지 중용을 하기 때문에 아첨, 아부가 없어지지 않는다. 이와 같이 일을 통한 평가가 기준이 되지 않고 개인의 좋고 나쁜 감정에 따라 조직을 운영하는 것은 정말 큰 잘못이다.
　　물론 아첨하는 사람은 진심으로 존경하거나 칭찬하는 것이 아니어서 속으로는 그 관리자를 바보, 멍청이라고 생각하고 있을 게 분명하다. 아첨으로 발탁된 사람은 "저 친구 별것 아닌 걸." 하고 마음속으로는 관리자를 경멸한다는 것이다. 다시 말해 아부를 좋아하는 사람은 자기를 경멸하는 사람을 중용하는, 좀 모자라는 사람이다.

어떤 사람이 실력으로 발탁되었는지 아첨으로 발탁되었는지는 주위에 있는 다른 사람들이 금방 알기 마련이다. 따라서 직원을 실력 위주로 다루지 않는 관리자는 다른 직원으로부터도 경멸당하게 된다. 결국 자기가 자기 목을 조이는 꼴로 이래서는 조직이 제대로 돌아갈 리가 없다. 본인도 불행하고 조직에도 마이너스다.

또 관리자에게 아첨해서 출세한 사람은 속으로 관리자를 경멸했던 것은 다 잊어버리고, 이번에는 자기 주위에 아첨하는 사람들만을 끌어 모은다.

이런 사람은 스스로 연구, 노력해서 출세하겠다는 생각이 없는 사람이다. 또 이런 사람은 될 수 있으면 편하고 즐겁기만을 바라기 때문에 견실한 직원으로부터는 결국 경멸당한다. 조직으로서는 완전한 악순환이다.

좀더 큰 권한을 갖게 될수록 하루라도 자기반성을 하지 않으면 안 된다. 칭찬을 받아도 상대방이 무슨 생각으로 칭찬하는지를 주의 깊게 보아야 한다.

직원의 아첨은 조금만 주의하면 금방 알 수 있다. 그러나 미지근한 물에 들어가 있으면 나른해지며 기분이 좋아지듯이, 무의식중에 그것이 아첨이라는 것을 깨닫지 못하고 점차 속아 넘어간다. 이것은 자신을 속이는 것과 마찬가지다.

원래 아첨은 직장에서 일을 하고 있는 동안에는 그렇게 노골적으로 나타나지 않는다. 퇴근 후 동료들과 술을 마실 때라든지 회사 전체가 여행을 가게 되었을 때, 한 잔 마신 관리자를 둘러싸고, 있는 자리에서 노골적으로 행해진다.

직원과 술을 마실 때도, 관리자가 제일 먼저 취해 직원에게 자기 기분을 맞추도록 요구해서는 안 된다. 또 아무리 노래방을 좋아한다 해도, 고주망태가 되어 직원을 억지로 노래방으로 끌고 가는 일을 밥 먹듯이 하는 관리자는 누구에게서도 존경을 받을 수 없다.

내가 존경했던 관리자 중에는, 술을 마시는 척만 하면서 실제로는 전혀 취하지 않은 채, 아첨하는 사람이라든지 취했을 때 나오는 직원들의 본성을 가만히 관찰하던 사람도 있었다. 그렇게까지 하는 관리자도 무서운 사람이기는 하지만, 어쨌든 관리자라면 경계하면서 술을 마실 정도의 마음가짐은 필요하다.

그럴 자신이 없다면 직원과 술을 마시지 말아야 한다. 술이 아니더라도 생각만 있다면 직원과의 교류는 얼마든지 할 수 있다.

점심을 함께 하는 것도 좋은 방법 중의 하나일 것이다.

  술의 힘을 빌어서 상대방의 의향을 무시하고 제멋대로 군다든지 아첨받기를 좋아한다면 관리자로서는 낙제라는 것을 명심해야 한다. 순수하게 술을 마시고 싶다든지 스트레스를 풀고 싶다면 일과는 관계없는 사람과 마시는 것이 좋다.

아첨하는 사람이 없어지지 않는 이유는
아첨하는 사람을 중용하는 사람이 없어지지 않기 때문이다.

아첨받기를 좋아하는 리더는 낙제

30. 중간 관리자는
　　균형감각을 키워라

　　조직은 기본적으로는 상명하복(上命下服), 관리자의 지시에 따라 직원이 움직여 운영된다.
　　미국의 조직 운영은 톱다운(top-down) 방식이어서 명령 계통이 정말 확실하다. 이런 방식은 조직의 의사 결정에 매우 효율적이기는 하지만 그만큼 실패 위험성도 높다. 따라서 직원이 명령대로 했는데도 실패했을 경우에는 톱이 모든 책임을 진다.
　　이에 비해 일본의 경우는 반대로 바텀업(bottom-up) 방식이다. 가능한 한 모든 지혜를 모아 조직 전체의 방향을 결정하는 것이 일반적이다. 이 방식은 여러 절차가 얽혀 있기 때문에 효율이 떨어져서 의사 결정에 시간이 걸리는 반면, 안전성이나 확실성 외에 모두의 열의를 집약해 낼 수 있다는 점에서 장점이 매우 크다고 할 수 있다.

이런 사회에서는 아랫사람이 전체 상황을 생각하지 않고 무엇이든지 "네, 네." 하면서 일을 진행시켜서는 위험하다. 따라서 이런 조직을 운영할 때는 중간 관리자의 역할이 중요해진다.

중간 관리자가 위에서 지시한 것을 그대로 아랫사람에게 지시하기만 하면 된다면 정말 행복할 것이다. 인간이란 편하기를 바라고, '위에서 아래로'라는 기본적인 일의 진행 순서에도 부합하기 때문에 대개는 이런 식이 되기 쉽다. 그러나 여기에 바로 함정이 있다.

결국에는 위의 지시에 따른다고 해도, 단순한 일방통행이라면 아랫사람이 어떤 의향을 갖고 있는지를 윗사람이 알지 못한다. 위의 지시에 대해 정말로 힘을 다해 열심히 일하고 있는지, 그 지시가 직원의 능력에 맞는지 등을 전혀 알지 못하는 것이다. 여기에서는 중간 관리자가 위에서 아래로의 단순한 정보 전달 기관에 불과하다.

위에서 이야기했다고 무리하게 아랫사람에게 강요하는 일방적인 지시에서는, 그 지시가 비능률적이거나 잘못됐을 경우에는 좋지 않은 결과를 가져올 확률이 크다.

밑이 보이지 않는다는 것은 매우 위험하다. 중간 관리자는 언제나 이 점을 의식해서, 아래의 의견을 잘 들어 위로 전달하도록 노력해야 한다.

그러면 아랫사람의 의견만 잘 들으면 좋은 관리자일까? 그 또한 충분조건은 아니다. 아랫사람이 언제나 정세를 정확히 판단하고 회사의 이익을 전제로 일을 생각하지는 않기 때문이다.

생각하기 귀찮다거나 일이 많아지니까 싫다든지 하는 이기적인 동기에서 반대하거나 난점을 들이대는 경우도 적지 않다. 그것을 제대로 이해하지도 못한 채 그냥 위에 전달한다면 그 또한 위험하기 짝이 없는 노릇이다.

조직에서는 중간 관리자가 앞을 정확하게 내다보고 올바르게 판단해서, 위 아래의 균형을 잡아 가는 것이 무엇보다 중요하다.

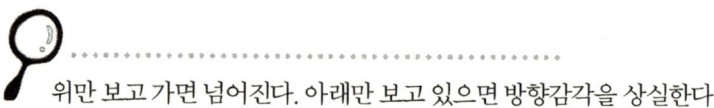

위만 보고 가면 넘어진다. 아래만 보고 있으면 방향감각을 상실한다.

31. 조직 내 의사소통은
   원활하게

 부하 직원에게는 칭찬이 필요하지만 관리자를 칭찬할 필요는 없다고 앞에서 이야기했다. 그러나 직원만을 중요하게 생각한다고 모든 것이 해결되는 것은 아니다.
 일이란 조직이 하는 것이기 때문에 관리자가 일에 방향성을 부여하는 것은 당연한 이야기지만, 감독자의 의향이 반영된다. 따라서 직원은 관계하는 일을 순조롭게 진행시키고 싶다면, 무엇보다 관리자의 의향을 파악하는 것이 중요하다.

관리자를 우습게 여기고 멋대로 일을 진행시키면, 다른 사람과 균형을 이루지 못한다. 아무리 일에 자신이 있어도 그런 짓은 절대로 삼가야 한다. 무슨 일을 하던 그것이 조직의 일인 이상, 관리자의 의향을 정확히 확인한 후에 진행시키는 것이 조직인으로서의 의무이다.

그런 절차에 의해 결정된 방침을 따라 일을 해야 한다는 점에서 볼 때, 직원의 의향은 관리자의 의향에 비하면 중요도가 떨어진다고도 할 수 있다.

그러나 관리자가 직원의 의향을 무시해도 된다는 것은 아니다. 직원에게도 나름대로의 생각이 있고 그것이 조금이라도 일에 도움이 된다면 인정해 주어야 한다. 그렇게 하면 일하는 보람도 생겨 더 열심히 일하게 될 것이다.

자신과 직원의 의향이 다를 때는 무조건 자기 생각대로 밀어붙일 것이 아니라, 직원에게 무엇이 잘못되었는지를 완전하게 납득시킨 다음에 일을 하게 해야 한다. 그 의의를 이해할수록 보다 정확하게 일을 처리하고 효과도 높아진다.

직원에게 일의 의미를 이해시키기 위해서는 여러 가지 상황을 폭넓게 알고 있어야 한다. 상황을 폭넓게 알고 있다면 폭넓은 관점에서 설명할 수 있어 직원을 쉽게 납득시킬 수 있다.

직원이 관리자에게 보고하는 것은 조직인으로서의 상식이다.

"중간관리자는 대화의 원활한 창구가 되어 준다."

그리고 그것은 결재라는 형식으로 시스템화 되어 있다. 그러나 관리자가 어떤 일에 관계하고 있는 직원에게 그 일과 연관된 상황을 설명해 주는 것은 거의 시스템화 되어 있지 않다.

관리자가 직원으로부터 보고받는 것으로 끝난다면, 직원은 전체 상황을 알 수 없어서 자신이 알고 있는 지식만으로 판단해 버린다. 그러면 시야도 좁아지고 관리자의 생각과도 틈이 생겨서 직원의 능력을 반감시킬 수 있다.

조직 내 의사소통은 원활하게

따라서 중요한 일의 방향성에 관계되는 사항은 반드시 직원에게도 알려주어야 한다. 이것은 시스템화 되어 있지 않은 만큼 항상 염두에 두고 실행해 갈 필요가 있다. 관리자와 직원, 그 어느 쪽이든 독단적인 행동은 좋지 않기 때문이다.

일의 방향에서 관리자의 의향을 아는 것은 직원의 뜻을 아는 것보다 중요하다.
직원에게 상황을 숙지를 시키는 것은
리더에게 상황을 보고하는 것만큼이나 중요하다.

32. 능력이 떨어지는
   직원을 다루는 요령

　상황을 알려주는 경우는 다르겠지만, 일에서 구체적인 지시를 할 때는 주의가 필요하다.
　직원이라 해도 신입 사원에서부터 상당한 경력이 있는 사람에 이르기까지 여러 부류가 있다. 또 경력자라 해도 지금까지 다른 계통에서 일을 해서 현재 일에 대해서는 거의 지식이 없는 직원도 있다. 그러나 상대의 수준에 맞춰 이해하기 쉽게 이야기하거나 지시하는 훈련이 되어 있는 관리자는 별로 없는 것 같다.

직원이 관리자에게 이야기하는 경우, 관리자는 이미 많은 경험이 있어서 쉽게 내용을 이해할 수 있다. 말하는 상대방의 수준이 낮은 경우는 상대의 서투름에 불만을 느낄지 몰라도 적어도 이해는 할 수 있다. 이해가 안 되는 부분이 있어도 상대방의 이해도를 확인하는 척하면서 자신이 알지 못하는 점을 캐물을 수도 있다.

그런데 관리자가 직원에게 이야기하는 경우는 아무래도 일방통행이 되기 쉽다. 직원의 수준을 생각해서 보다 쉽고 이해하기 좋게 이야기하는 것은 관리자로서는 왠지 쓸데없는 서비스라는 기분이 들어서 자신의 지식과 방식으로 즉, 자기 수준에서 일방적으로 이야기해 버리고 마는 것이다.

직원 쪽에서는 설령 이해되시 않는 부분이 있어도 "잘 이해가 안 됩니다."라고 말하기는 힘들다. "자네는 그런 것도 모르나?"라는 말을 들을 것 같아 되묻지 못하는 것이다. 그래서 할 수 없이 이해하지 못하고도 알았다는 표정을 짓고 만다.

나중에 동료들에게서라도 설명을 듣고 확실하게 이해한다면 괜찮겠지만, 그것도 아니면 결국 관리자의 이야기는 전혀 이해되지도 못한 채 끝나 버리고 만다. 특히 이만큼의 일을 처리하라는 구체적인 지시조차 제대로 이해하지 못하는 경우도 많다.

알겠다는 표정을 짓고 "네, 네." 하며 됐다는 반응을 보인다고 일을 잘 처리할 것이라고 생각하다가는 큰 낭패를 볼 수도 있다. 근본적인 것을 완전히 잘못 알아듣는 경우도 있기 때문이다.

물론 이해하지도 못하면서 이해한 척한 직원이 잘못이다. 그러나 관리자도 자신의 지시 방법이나 직원에게 이야기하는 방식을 반성할 필요가 있다. 자신이 아는 것과 상대방에게 이해시키는 것은 다른 문제이기 때문이다.

"이해하지 못한다."에도 여러 가지가 있을 수 있다. 관리자는 보고도 많이 받고 정보량도 많아서 당연히 이해하고 있겠지만, 직원은 전혀 이해하지 못하는 경우가 많다. 예를 들어 능력이 있다 해도 그런 정보가 없어서 이해하지 못하고 있는 경우도 있고, 정보는 알고 있지만 그 의미를 이해하지 못하는 경우도 있으며, 의미까지는 알아도 그 활용 방법을 이해하지 못하는 경우, 또는 신입사원처럼 단지 경험이 부족해서 이해하지 못하는 경우도 있다.

이해를 못하는 이유가 어느 쪽이든 상관없지만, 그 대부분은 관리자가 자기 수준에서 일방적으로 이야기하기 때문에 이해하지 못하는 경우가 많은 것이다. 자기 의도대로 조직을 운영하려면 직원이 왜 이해하지 못하는지를 잘 헤아려서 그 수준에 맞춰 이야기하거나 지시해야 한다.

셋을 지시해도 하나나 둘은 잊어버리는 직원이 있다고 해 보

자. 그런 직원에게는 한 번에 셋을 지시하지 말고 우선은 둘 이내에서 시작한다. 둘까지는 충분히 할 수 있는데도 못한 부분이 있다면 이때는 확실하게 주의를 주어야 한다.

자신이 다섯을 할 수 있다 해서 직원 모두가 그럴 수는 없다. 한 번에 둘밖에 할 수 없는 직원에게 계속해서 다섯을 지시하고는, 그것을 하지 못한다고 질타하고 멍청한 직원이라고 한숨만 내쉬어서는 직원은 성장하지 못한다. 성장은커녕 자신이나 직원이나 모두 스트레스만 쌓여 갈 뿐이다.

지시가 거래처에 대한 것일 경우, 직원이 잘 이해하지 못해 상대방에게 폐를 끼친다면 조직으로서도 부끄러운 일이다. 뿐만 아니라 최악의 경우, 손해배상을 해야 하거나 단골 거래처를 잃어버릴 수도 있다.

이런 경우라면 말단 직원만이 책임을 질 수는 없다. 직원이 지시를 충분하게 이해했는지 잘 확인하지 않은 관리자의 책임도 피할 수 없기 때문이다. 따라서 직원의 수준에서 이야기하는 것은 관리자에게는 매우 중요한 마음가짐이다.

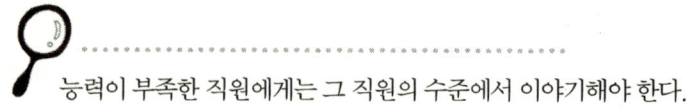

능력이 부족한 직원에게는 그 직원의 수준에서 이야기해야 한다.

33. 젊은 사람의 말을 경청하라

　나이 차이나 상하 관계가 있으면 젊은 사람들은 쉽게 자기 의견을 말하지 않는다. 따라서 관리자는 어지간히 신경 쓰지 않으면 젊은 사람들의 의견을 들을 수 없다.
　나이 든 사람이 젊은 사람을 붙잡고 자기 생각을 말하는 것은 쉬운 일이다. 물론 속으로는 '이 노인네가 뭐라고 그러는 거야?' 하고 바보 취급을 할지도 모른다. 그래도 적당하게 듣는 척하고 있으면 연장자는 의기양양해서 이야기한다.

젊은 사람은 들을 생각이 있으면 언제라도 연장자의 의견을 들을 수 있다. 그러나 그 반대는 그렇게 간단치 않다. 젊은 사람을 잡고 의견을 듣고 싶다고 하면 "제 의견은 전혀 참고가 되지 않을 겁니다." 라며 도망치는 게 보통이다. 또 연장자가 흥미를 가질 만한 것에 대해서는 처음부터 아무 의견도 갖고 있지 않은 경우도 많다. 혹은 말로 설명할 수 있을 만큼은 안 되고 감각적인 수준에 그치는 경우도 있다.

사회와 마찬가지로 일반 조직도 여러 연령층의 사람들로 구성되어 있다. 여기에서는 경험 있는 사람의 판단이 항상 맞는 것이 아니라는 점에 유의해야 한다. 특히 요즘처럼 변화가 격심한 시대에는 가치관도 급속히 변하기 때문에, 아직 어설프고 경험이 없는 쪽이 오히려 바르게 판단할 수 있는 경우도 적지 않다.

새롭게 제기되는 문제라는 것이 대개 그렇듯이, 경험이 적은 젊은 사람이 더 정확한 판단을 할 수 있고, 경험이 많은 사람은 자신의 경험을 일단 제로로 돌리고 처음부터 다시 생각해야 제대로 된 판단을 할 수 있는 경우가 많다. 자신의 경험에 비추어 보면 잘못됐더라도 지금 시대에는 젊은 사람의 사고나 감각이 정확한 경우가 많다.

따라서 시대의 변화를 바로 인식해서, 종래의 경험 중에서 버릴 부분은 버리고 아직 활용할 수 있는 부분은 살리는 판단을 내려야 한다. 그러나 시대가 어떻게 변했는지를 인식한다는 것 자체가 어렵다. 관리자가 평소에 젊은 사람들의 의견을 들어야 하는 것은 바로 이 때문이다.

그런 의미에서 여러 세대에 걸친 사람들의 의견을 가능한 한 많이 듣고 이해하는 사람일수록 좋은 관리자이다. 특히 지난 20년부터 앞으로 30년까지는 격동기여서 지금의 관리자나 다음에 관리자가 될 사람은 자기 세대와 다른 사람, 경험이 다른 사람, 가치관이 다른 사람, 특히 젊은이의 의견을 듣는 훈련을 하지 않으면 시대에 맞는 판단은 할 수 없다.

여기에 정해진 방법은 없다. 젊은 사람이라 해도 사람마다 제각각이어서 한 마디로 말할 수 없기 때문이다. 그러나 회의에 반드시 젊은 사람을 참가시키는 것도 하나의 방법이 될 수 있을 것이다. 회의라면 대리 이상이라든지, 과장 이상이라든지, 임원회의라든지 해서 이런저런 범위를 한정하는 경향이 있다. 그러나 문제에 따라서는 회의에 참석하는 사람을 종적으로 구성해서 젊은 사람들이 참가하는 회의를 자주 가져야 한다.

또 가능하다면 젊은 사람들의 다양한 의견을 좀더 가볍게 일상적으로 들을 수 있는 환경을 만들어야 한다. 그렇다고 일부러 술집에 데려가서 자리를 만들 필요는 없다. "이 사람이라면 우리 의견을 허심탄회하게 들어 줄 수 있다."고 생각하도록 만드는 것이 중요하다.

어떤 의견을 내놓았는데 "이게 무슨 멍청한 이야기야?" 하고 마이너스 평가를 내린다거나 처음부터 들을 자세가 되어 있지 않은 관리자라면 누구도 그에게 어떤 말을 하려 들지 않을 것이다. 제안을 해도 야단이나 친다면 말하는 쪽은 바보가 된 느낌을 가질 뿐이다.

반대로 아무리 떠들어도 마이너스 평가를 받거나 기분 상할 일이 없다면, 그들은 의견을 이야기하려고 할 것이다. 하물며 자기 의견이 조금씩 일에 반영된다면 의욕도 점점 더 커지게 될 것은 분명하다.

확실히 오랜 세월 동안 꾸준히 경험을 쌓아 온 사람의 입장에서 보면, 젊은 사람의 생각은 비현실적이고 엉뚱하게 생각될 수 있는 점이 있을지도 모른다. 그러나 그 엉뚱함이 시대의 요청이라면 대담하게 받아들일 수 있어야 한다.

역설적으로 말하면, 그것이 시대의 요청인지 아닌지를 판단하기 위해서라도 평소부터 젊은 사람들의 의견에 접근해 있어야 하는 것이다.

> 젊은 사람의 의견을 듣는 것은 중요한 일이지만 실제로는 상당한 노력과 수고가 필요하다.

34. 보다 적극적이고
   건설적인 비판을

위선이란 올바르지 않으면서 올바른 것처럼 보이게 하는 행위다. 물론 이것은 '선'을 위장한 것이므로 '악'과 마찬가지다.

그러나 그렇게 보이도록 하려는 행위 자체는, 행동과 동기 사이에 커다란 간격이 존재하고 있음에도 객관적으로는 좋을 수가 있다.

예를 들어 사기로 돈을 번 사람이 있다고 해 보자. 이 사람이 자신에 대한 평판을 좋게 만들려면 복지 단체 같은 곳에 기부하면 된다. 동기야 어떻든 그 기부라는 행위 자체는 나쁘지 않다. 즉, 인격이나 동기면에서 문제는 있지만 객관적으로는 좋은 일을 하고 있는 것이다. 좀더 극단적으로 이야기해서, 도둑놈이라도 기부를 할 경우 도둑질은 나쁘지만 기부하는 행위 자체는 사회적으로 쓸모가 있다는 것이다.

그런데 행동을 수반하지 않은 비판이 있다. 즉, 어떤 사람이 뭔가를 적극적으로 하려고 하는데 자신은 아무 것도 하지 않으면서 그런 사람의 발목을 잡는 비판을 하는 것이다.

사람의 플러스 에너지에 찬물을 끼얹으면 객관적 효과에는 마이너스로 작용한다. 위선의 경우는 적어도 객관적인 면에서는 플러스 효과가 있지만, 행동을 수반하지 않은 비판은 객관적인 면에서도 마이너스일 뿐이어서 위선보다 죄질이 나쁘다고 할 수 있다. 세상에는 위선자보다는 이런 사람이 훨씬 더 많을지도 모른다.

물론 비판하는 본인은 정말로 그것이 잘못됐다고 생각하고 있을지 모른다. 그러나 자신의 주관이나 신념을 기초로 비판하는지는 모르지만, 그 판단이 정확하다는 증거는 어디에도 없는 경우가 대부분이다.

질투 때문에 그 사람을 비판하는 경우도 종종 볼 수 있다. '질투'는 여자에게나 해당되는 말이라고 생각한다면 잘못이다. 남자에게도 질투가 있어서, 겉으로는 충고하는 척하지만 실제로는 상대에게 상처를 주고 깎아내리기 위해 비판하는 사람도 결코 적지 않다.

이런 일이 업무의 장에 들어와 그것도 같은 부서의 동료나 직원, 관리자 간에서 일어난다면 조직은 그야말로 엉망진창이 되고 만다.

상대를 비판하는 경우, 지적한 점을 대체할 수 있는 대안을 함께 제시한다면 적극적인 의미가 있다고 할 수 있다. 또한 자신이 행동으로 보여 주면 건설적인 논의가 이루어져서 조직을 활성화시킬 수도 있을 것이다. 그러나 건설적이지 않은 비판이 너무나 많다.

또 자기를 정당화하기 위해 상대를 비판하기도 한다. 예를 들어 자신이 어떤 일을 하고 있는데 누군가가 자기와는 다른 방법을 써서 성공했다고 해 보자. 그러면 상대적으로 자신이 해 온 방법의 의미가 퇴색해 버릴 가능성이 있다. 경우에 따라서는 더 나은 방법이어서 자신의 방법이 부정될 수도 있다.

보다 나은 방법이 나왔을 때, 그것이 자기 것보다 우수하다고 확인되면 새로운 방법으로 고치는 것이 조직인으로서 당연히 해야 할 일이다. 그러나 이것을 받아들이면 자기 방법의 잘못이나 부족을 인정하는 셈이 되기 때문에 자기와 다른 방법을 취하

보다 적극적이고 건설적인 비판을

는 사람을 맹렬하게 비판한다.

　객관적으로는 자신의 방법이 뒤떨어지지만 상대를 비판해서 마치 자기 것이 더 우수한 것처럼 보이게 하는 행위이므로 이것은 위선이라고 할 수 있다. 더구나 객관적으로 떨어지는 자신의 방법을 고집한다는 것은 도둑의 기부 행위보다도 나쁜 것이다.

　물론 비판은 필요하다. 무비판은 경직화와 마찬가지다. 그러나 비판이라는 것은 어디까지나 적극적이고 건설적인 것이어야 한다. 그러기 위해서는 구체적인 제안이나 행동이 뒤따라야 한다는 것은 두말할 필요가 없다.

　비판을 통해 판단력과 실천력을 더욱 갈고 닦으면 자신에 대한 평가를 높일 수 있다. 자기만의 해묵은 방법을 고집해서는 개인에게도 조직에게도 진보는 없다.

행동을 수반하지 않은 비판은 위선보다도 질이 안 좋다.
또 자기를 정당화하기 위한 비판은 위선과 마찬가지다.

35. 비평가 기질은 버려라

회의할 때 보면, 자신은 아무 의견도 말하지 않고 있다가 누군가가 제안이라도 하면 기다렸다는 듯 거기에 트집만 잡는 사람이 있다. 이런 종류의 인간은 어느 조직에서나 한, 둘은 있는 법이다. 대개 그런 사람은 평론가적 성향이 있는데, 머리도 괜찮고 경험도 있어 논리적이며 설명도 잘하고 설득력도 있다.

하지만 그런 사람의 말은 단순히 난점을 지적하는 것으로 그치는 경우가 대부분이다. 제시된 의견에 좋은 점이 있어도 그런 부분에 대해서는 결코 언급하지 않는다. 또 제안이 잘못됐다면 대안을 제시해야 할 텐데 그것도 없다. 누군가가 어떤 말을 하기만 기다리다가 이내 거기에 트집을 잡고 의기양양해 하기만 하는 것이다.

특별히 회의를 열어 토론할 정도라면 그 의제에는 원래 문제점이 있기 마련이다. 제안이나 개선책이 완벽하다면 회의를 열 필요가 없었을 것이다.

제안자는 100% 완벽하지는 않다는 것을 알면서도 토론의 장에 제출해서 보다 좋은 안으로 만들려고 하는데, 거기에 난점만을 지적해서는 이야기가 되지 않는다.

참석자 모두가 수정안이나 개선안, 대안을 제출해서 조금씩 완성해 나가는 것이 회의의 역할이다. 그래도 여전히 결점이 남아서 결국 성안을 못한다면 제안자도 납득할 것이다. 그러나 어떤 가능성도 논하지 않고 느닷없이 난점만 지적한 다음, 그러니까 잘못됐다고 단정해 버린다면 제안자는 감정만 상할 것이다.

그저 잘못된 점만 늘어놓고 "한번 더 생각해 봅시다."라고 해서는 차후에도 보다 좋은 안은 나오지 않는다. 분명 더 좋지 않은 의견만을 내놓다가 결국 문제점은 전혀 해결되지 않은 채 끝내는 최악의 코스를 밟을 것이다.

모처럼 조직의 이익을 생각해서 이야기했는데 "자네는 멍청해."라는 것과 다름없는 대우를 받는다면, 난점을 지적당한 사람은 감정의 응어리가 남게 된다.

그런 의미에서 본다면, 단순히 난점만을 지적하는 사람은 조직에 백해무익하다. 그런 사람은 조사부처럼 평론가적 재능을 살릴 수 있는 부서로 가서 일하게 하고, 조직의 융화가 필요한 곳에는 배치하지 말아야 한다.

업무 개선안이 나왔을 때 즉각적으로 그 난점을 지적하는 사람이 있다.
그것으로 끝이라면, 사실 그런 사람은 없는 편이 낫다.

비평가 기질은 버려라

36. 직함에 걸맞는
　　판단력을 길러라

　회의에서 뭔가 이야기하면 괜히 트집만 잡히거나 비난받기도 하고, 또 자기 의견이 받아들여진다 해도 진행이 잘 안 되면 책임을 추궁당하기 때문에, 의견이 있어도 가능한 한 잠자코 있으면서 대세를 따라가는 적당주의자들이 의외로 많다.
　그것은 그것대로 그 사람이 살아가는 방식이기 때문에 자기 혼자만으로 끝난다면 그다지 문제가 없을지도 모른다. 그러나 그 사람이 예를 들어 부장이라면, 자기가 책임져야 하는 부원들이 있기 때문에 그런 무책임한 태도는 취할 수 없을 것이다.

설령 그런 적당주의자, 즉 대세를 따라가기만 하는 사람이 부장이라고 해도, 우수한 인사권자라면 그 밑의 과장이라든지 차장과 같은 2인자는 확실한 사람으로 배치해 두고 있을 것이다.

대세 순응주의자에 대해 이런 과장이나 차장, 혹은 열심히 일하는 직원이 "이번 회의에서는 이 건을 꼭 통과시켜야 합니다."라고 말했다고 해 보자.

물론 직원의 생각은 시야가 좁을 수도 있고 부서 이기주의에서 나온 발상일 수도 있기 때문에 반드시 모든 것을 그대로 받아들여야 하는 것은 아니다. 그러나 회의에서 말을 할 것인지 우물쭈물 하는 사이에 전체의 흐름이 정해지면, 말해 봤자 바보밖에 안 된다고 판단하고 직원에게 들은 이야기는 입 밖에 내지도 못하고 돌아와 버리는 관리자가 있다.

이 때 그 관리자의 판단이 정확하다면 직원도 수긍할 것이다. 그러나 대체로 대세 순응주의자란 그다지 정확한 판단을 할 수 있는 사람이 아니다. 모두가 다른 방향으로 가고 있으니까 감히 아무 말도 하지 못하고 돌아와 버리는 것이 대부분이다. 이렇게 되면 직원으로서는 지금까지 해 온 것이 수포로 돌아가 버려 관리자에 대한 신뢰도 사라진다.

확실히 사장이나 중역이 참석하는 회의에서는 위축이 돼서 자기 의견을 말하기가 훨씬 어렵다. 그러나 적어도 직원이 제안해 주기를 부탁한 것에 대해서는, 그것이 대세로부터 벗어나 있다고 생각되더라도 혹은 부결될 게 뻔하다고 하더라도 정확하게 이야기해서 다른 사람의 의견을 듣는 나름대로의 논의 과정을 거치는 것이 일의 순서다. 그렇게 했는데도 제안이 부결된다면 직원도 순순히 받아들일 것이다.

대세에서 벗어난 것처럼 보였던 것이 예상 외로 전체의 방향을 바꿔 버릴 수도 있다. 직원의 열의나 의견을 잊어버리고 그저 대세만 쫓아가는 관리자는, 결국 신용을 잃어 조직이나 직원 관리를 할 수 없게 된다.

어쨌든 관리자 중에서도 신임 관리자는 높은 사람이 모여 있는 회의에서 의견을 제시하기가 그다지 쉽지 않다. 그리고 조직이 오래될수록 대세에서 벗어난 것처럼 보이는 의견은 무시되는 경향이 있다. 그러나 그럴 때야말로 작정을 하고 이야기하지 않는다면 조직 전체의 판단을 그르치게 된다.

더구나 똑같이 의견이 거부된다 하더라도, 일단 의견 제시를 해서 부결되는 것과 말도 꺼내지 않고 돌아오는 것은, 직원의 관리자에 대한 신뢰도 면에서는 커다란 차이가 있다.

물론 회의에서 직원의 의견을 주장해서만 되는 것은 아니다. 아무리 자기 부서의 의견이라 해도 전체로서는 통용되지 않는 논리도 있고, 다른 부서와의 균형 때문에 받아들여지지 않는 경우도 있을 것이다. 따라서 관리자는 직원보다도 한 단계 더 높은 곳에서 보고 판단할 수 있어야 한다.

요약해서 말하면, 관리자로서 보다 기본적인 것은 직원의 의견을 이야기하느냐 안 하느냐보다도 관리자 자신이 그 자리에 어울리는 판단력을 갖추고 있느냐이다.

직원의 의견이나 건의를 잊고 회의의 대세만 따라갈 뿐인 사람은 신용받지 못한다. 회의에서는 자기 직원의 의견에만 사로잡히지 않고, 시야를 넓게 갖고 타 부서와 협의를 도모하는 것이 부서의 장다운 면모일 것이다.

직함에 걸맞는 판단력을 길러라

37. 불평불만은
    조직을 파괴시킨다

세상에 불평불만이 없는 사람은 없을 것이다. 불평불만을 속으로 삭이고 말하지 않는 사람은 있을지 모르지만, 불평불만이 없다는 것은 있을 수 없다. 신이라면 몰라도 그런 인간은 현실적으로 존재하지 않는다.

그렇다면 문제는 불평불만을 얼마나 해소할 수 있는가이다. 불평불만을 떠드는 것도 그 해소법 중의 하나인데, 그 방법에도 여러 가지가 있다.

10의 불평불만을 갖고 있는 경우, 10 모두를 말해 버리는 사람이 있는가 하면 술의 힘을 빌려서 15까지 부풀려서 떠드는 사람도 있다. 또 10의 불만을 갖고 있어도 전혀 아무 말도 하지 않는 사람이 있고, 2 내지 3 정도를 입에 담는 사람도 있다.

　불평할 때도 큰 소리로 떠드는 사람이 있는가 하면 가볍게 슬쩍 지나가는 말로 끝내는 사람도 있다. 또 얼굴에 불만이 금방 나타나는 사람도 있고 전혀 내색도 하지 않는 사람도 있는 등, 불평불만을 처리하는 방법은 사람마다 각양각색이다.

　그런데 그런 불평불만이라는 것은 조직을 조금이라도 잘 되게 하려는 생각에서가 아니라, 대부분의 경우 자기가 하고자 하는 것을 할 수 없다든지, 기분이 상했다든지 하는 이유 때문에 생기는 것이다. 즉, 그것은 결코 조직 본위가 아니라 극히 개인 본위의 동기에서 비롯된다는 것이다.

　예를 들어 객관적으로 10의 능력을 지닌 사람이 스스로는 20의 능력을 갖고 있다고 생각한다고 해 보자. 이 때 그 사람에게 부여된 업무가 10이라고 한다면, 그것이 실제의 능력에 맞는 양임에도 불구하고 본인에게는 10의 불만이 남는다. 즉, 자신의 능력은 반밖에 평가받지 못하고 있다는 불만을 품는 것이다.

　본인은 불만을 갖고 있지만 주위 사람은 모두 그것이 적당하다고 생각하고 있다. 그럴 때 불평한다면 그 사람만 바보 취급당

불평불만은 조직을 파괴시킨다

하고 자신만 손해 보는 것으로 끝난다. 이런 경우는 불평을 하더라도 별 문제가 되지 않는다.

문제는, 불평불만이라는 것은 그 대부분이 개인적인 것임에도 불구하고 그것을 솔직하게 인정하지 않는다는 데 있다.

개인적인 불평불만이면서도 조직을 위한, 회사 전체를 위한 것인 것처럼 문제를 살짝 바꿔서 이야기한다. 이것은 자기 직속 관리자를 비난하는 경우에 가장 빈번하게 볼 수 있다. 예를 들면 이렇다. "우리 부장은 도무지 능력이 없어. 관리자감이 아니라니깐.", "저런 사람이 관리자라니 회사만 손해지……."

실제로는 관리자에게 꾸중을 듣고 화가 났을 뿐이면서도, 마치 그런 관리자가 있다는 것이 회사 전체에 마이너스인 것처럼 말하기 때문에 이야기가 복잡해진다.

또 관리자의 조직 운영법이 잘못됐다고 비난하거나, 자기 불만을 마치 조직과 사회 정의로 위장해 소위 대의명분을 내세워 이야기하기 때문에 듣는 쪽에서는 언뜻 맞는 말이라고 느끼게 되기도 한다. 특히 평소에 평판이 그다지 좋지 않은 관리자에 대한 것일 경우, 실제보다 더욱 증폭될 것이다.

관리자에게 다소의 불만이 있어도 평소에는 자신을 잘 조절해서 관리자의 부족한 부분을 채워 나가야 한다고 생각하던 사람조차도, 무의식중에 거기에 동조해서 점차 목소리를 높여 가

불평불만은 스트레스를 해소하는 자위책으로 허용될 수 있지만, 일정하게 억제하는 훈련도 필요하다.

는 경우도 있다.

낮에는 그래도 그 정도까지는 아니었던 사람도 밤의 술자리 같은 곳에서는 그런 이야기가 시작되어 화제가 되면, 진짜 그렇지는 않을 거라고 생각하는 사람까지도 같이 맞장구치지 않으면 동료들과 멀어질까봐 동조하게 되는 것이다. 이렇게 해서 불평불만은 주위 사람의 마음을 진흙탕으로 만들어 버린다.

더구나 이런 이야기는 윗사람 귀에 들어가기 쉬워서, 단순히 직원의 개인적인 불만에서 비롯된 것이지만 희생양이 된 관리자는 부당하게도 낮은 평가를 받게 된다. 그 관리자가 10의 일을 한다 해도 마이너스가 10정도 된다는 직원으로부터의 이야기를 윗사람이 그대로 받아들인다면, 극단적으로 말해서 그 사람에 대한 평가는 제로가 되는 것이다.

직속 상관에 대한 불평불만이 지나치게 커지면, 다른 사람도 관리자의 말을 듣지 않게 되고 정확하게 주관을 지키던 사람까지도 이상하게 되어 버린다. 이러면 분위기가 점차 적극적인 방향에서 마이너스 쪽으로 바뀌면서 조직의 융화가 깨지게 된다.

그런 불평분자를 엄하게 처리하면 불만은 줄어들지 모르지만 자기가 원망받지 않을까 걱정하는 관리자도 있다. 그러나 이것은 더욱더 조직을 썩게 만드는 일이다.

그러면 불평불만에 대해 어떻게 판단해야 할까? 그 사람의 불만이 어느 정도 타당한지 그리고 그 불평불만의 마이너스 면이 어느 정도인지를 먼저 생각해야 한다.

가령 관리자가 정말 어처구니가 없어서 직원들 모두가 똑같이 불만을 갖고 있다면, 서로 불평불만을 이야기하면서 스트레스를 해소하는 것도 자위책으로 허용될 수 있을 것이다. 그렇지 않고 예를 들어 어떤 사원이 10의 일을 하기는 하나 그 역량의 반인 5정도로 개인적인 불평불만을 떠들어 댄다고 해 보자.

이런 경우, 그 사람에게는 아직 5의 플러스가 남아 있지만 그 마이너스 면은 주위 사람들에게까지 오염되어 그 부서 전체에까지 확산되어 간다. 그것을 전체로 계산하면 그 사람 한 사람의 능력인 10을 넘게 될 것이다. 그렇다면 그 사람은 없는 편이 더 낫다.

따라서 그런 사람에게는 불평불만을 일정하게 억제하는 훈련을 할 수 있는 일을 맡겨야 한다. 그것도 되도록 빨리 해야 한다.

그런데 평사원의 불평불만이란 영향력이 별로 크지 않아서 고작해야 그 사람이 속해 있는 조직 내의 동료들 안에서 그치게 되고, 또 약간만 교육을 시키면 괜찮아질 가능성도 있다. 그렇기 때문에 평사원의 경우는 불평불만을 해도 어느 정도는 아량을 갖고 대하면서 교육을 해 나가는 것이 필요하다.

하지만 그것이 과장이나 부장이라면 영향력이 달라진다. 과장이 불평불만만 하는 사람인 경우 거의 틀림없이 그 과 전체가 썩어 가고 다음에는 옆의 과장에게도 영향을 미친다.

더욱이 부장이라면 그 영향력이나 범위는 훨씬 확대될 것이다. 여기에서는 본인이 아무리 능력이 있다 하더라도 마이너스 영향력을 빼면 결코 한 사람의 역량으로는 이를 만회할 수 없다. 따라서 지위가 높을수록 불평불만을 할 수 있는 허용 범위는 좁아진다. 자기 자신의 불평불만도 조절하지 못해서는 다른 사람의 관리 따위는 할 수도 없을 것이다.

50명의 직원을 갖고 있는 관리자가 불평불만을 하면 그 50명 모두를 썩게 만들어서 조직에 파괴적인 피해를 준다. 따라서 불평불만을 해서는 안 된다. 즉, 허용 범위는 제로인 것이다.

50명의 직원을 거느릴 정도의 지위에 있는 사람이 조금이라도 불평을 한다면, 인사권자는 마이너스로 평가해서 승진 누락은 말할 것도 없고 경우에 따라서는 좌천시킬 정도의 엄격한 인사로 대처해야 한다. 그렇게 하지 않으면 조직은 계속 썩어 들어가기 때문이다. 불평불만을 적극적으로 제거하는 노력을 해야 될 사람이 오히려 투덜대고만 있다면 조직에 해가 될 뿐이다.

평사원인 경우, 불만이 그 사람의 역량 중의 반을 넘는다면 마이너스다.
이 허용한도는 조직에서의 지위가 올라가면서 점차 엄격해진다.
부장 이상의 지위에서는 허용한도는 제로이다.

38. 우선, 직원의
   사기를 높여라

중간 관리자가 되기까지 큰 병을 앓거나 입원한 적이 없는 사람들은 그리 많지 않을 것이다. 그런 사람들은 몸이 아픈 사람의 기분을 잘 이해하지 못하고 건강의 중요성도 잘 알지 못한다.

사장이나 전무와 같은 최고 경영자의 나이가 되면 신체 어딘가에 고장이 나기 때문에, 이 사람들은 건강의 고마움을 잘 알고 있다. 따라서 나는 신임 중간 관리자들에게 건강의 중요성에 대해 강조하고 싶다.

직원이 건강에 이상이 있을 때는 일을 시켜도 능률이 오르지 않는다. 그런데도 게으름 피운다든지 의욕이 없다고 질타한다면 그 사람은 정말로 의욕이 사라져 버릴 것이다.

직원의 움직임이 둔하다고 생각되면 먼저 건강에 문제가 없는지 생각해 보아야 한다. 건강하면서도 빈둥거린다면 게으름 피우는 것이기 때문에 분명하게 꾸짖어야 한다. 그러나 건강에 문제가 있으면서도 무리하게 출근해서 힘들어 한다면 병원에 가게 하든지, 그것이 지병이면 업무 분담을 바꿔 주는 배려를 해야 할 것이다.

여성 관리자는 육아 경험이 있어서 비교적 직원의 건강에 신경을 쓴다. 문제는 건강에 전혀 문제가 없는 아주 튼튼한 사람들에게 있다. 그들은 긴장하지 않은 사람들의 마음을 모른다.

이런 타입에는 술꾼들이 많은데, 숙취로 고생했을 때를 생각해 보기 바란다. 건강하지 않은 사람은 숙취 다음날의 괴로움을 항상 짊어지고 있다고 생각하면 그 고통을 이해할 수 있을 것이다. 숙취로 고생한다면 동정할 필요는 없다. 그러나 병이 있어 그렇다면 그 직원의 업무를 다시 생각해 봐야 한다.

중간 관리자라면 차나 마시면서 숙취를 푸는 데만 신경 쓸 것이 아니다. 그럴 때야말로 전체 직원의 건강에 대해 두루 생각해 보는 것이 유익하지 않을까.

"직원들의 건강에 결코 무신경하지 마라."

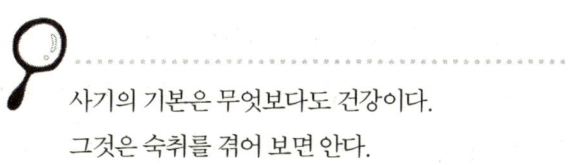

사기의 기본은 무엇보다도 건강이다.
그것은 숙취를 겪어 보면 안다.

우선, 직원의 사기를 높여라

39. 업무 태도가 축적되면
　　자산, 혹은 부채가 된다

　사람의 일에 대한 사고나 태도는 여러 가지다. 그 중에는 일이라면 무조건 싫어해서 지시받은 것 이상의 일을 하면 손해라는 생각을 갖고 있는 사람이 있다.

　출세도 하고 싶고 관리자로부터 좋은 평가도 받고 싶어서, 관리자가 보고 있을 때는 열심히 일하는 척하다가 관리자가 보지 않을 때는 게으름을 피우는 사람도 있다. 아니면 5 정도의 일밖에 하지 않고서도 10의 일을 한 것처럼 보고하거나, 관리자가 눈치채지 못한다고 다른 사람이 한 것을 자신이 한 것처럼 보고하는 사람도 있다.

또 중간 관리자 중에는 직원이 고생해서 한 일을 모두 자신이 한 것처럼 이야기해서 윗사람에게 좋은 평가를 받으려는 사람도 있다. 반면에 일을 좋아해서 관리자가 어떻게 생각하느냐는 둘째치고, 지시받든 지시받지 않든 적극적으로 일을 척척 해 나가는 사람도 있다. 일을 좋아하지는 않더라도 책임감이 있어서 관리자가 보든, 보지 않든 일을 정확하게 처리하는 사람도 있다.

이처럼 일을 대하는 태도에는 여러 가지가 있는데 그것은 반드시 결과로 나타난다. 따라서 2, 3일 정도 조금만 주의를 기울여서 보면, 그 사람이 어떤 식으로 일하는지가 금방 나타나서 거의 정확하게 평가할 수 있다.

그런데 다른 사람에 대한 것은 잘 알면서도 자신이 어떻게 평가받고 있는지는 의외로 모르는 경우가 많다. 그 때문에 적당하게 게으름을 피워도 결코 관리자는 모를 것이라고 생각하는 무리들이 존재하는 것이다. 그러나 옆의 동료가 어떻게 일하고 있는지를 잘 알 수 있는 것처럼 자신의 태도도 동료로부터 관리자에 이르기까지 모두에게 완전히 노출되어 있다.

의욕 없이 지시받은 것만 하는 사람이나 관리자에게 적당하게 보고해서 일을 한 것처럼 꾸며대는 사람도, 관리자의 눈이 그저 장식으로만 있지 않는 한 모두 간파당하고 있다는 것을 알아야 한다.

이렇게 태만이나 게으름으로 업무를 제대로 처리하지 않은데 대한 마이너스 평가가 수개월, 혹은 연 단위로 축적되면 자기 직장을 넘어서까지 전해진다. 저 남쪽 끝의 조그만 지사에서 근무하고 있는 사람에 대한 평가가 정반대의 북쪽 끝에까지 전해질 만큼 이런 사람에 대한 평가는 불가사의하다고 할 정도로 넓게 전파된다. 또 거래처에도 알려진다. 이렇게 해서 이 사람은 어느덧 '신뢰할 수 없는 사람'이라고 규정되어 버리고 만다.

더구나 10년을 열심히 일했다 해도, 실연을 했다든지 아니면 어떤 다른 이유로 최근 2년을 태만하게 보냈다면, 사정이야 어떻든 간에 원래 무책임한 인간이라든지 신뢰할 수 없는 인간이라는 평가가 굳어지게 된다. 일단 그런 평가가 굳어지면 아무리 중간에 면모를 일신해서 열심히 일해도 과거를 알고 있는 사람들은 별로 평가를 바꾸지 않는다.

과거 3년여 동안 꾀를 부리고 제대로 업무를 처리하지 않았던 사람이라면, 6년 정도 진짜 열심히 일을 하면 과거의 굴레를 얼마간 벗어 버릴 수 있을지도 모른다. 그러나 그렇디라도 전과는 남는다.

이렇게 좋지 않은 평판을 받고 있는 사람이 예를 들어 중요한

"성실이야말로 최고의 재산이다!"

약속에 지각을 했다고 해 보자. 된통 혼이 난 상대방은 아무리 그것이 한 번이었다고 해도 20년, 30년이 지나도 잊지 않고 상대방을 절대 신뢰하지 않는다. 그 후에는 아무리 시간을 잘 지켜도 신뢰를 회복할 수 없다. 그 상처는 일생 부채가 되어 남는 것이다.

이에 반해 처음부터 아주 정확히 일을 처리해 온 사람은 마찬가지로 그런 평판이 널리 퍼져서 신뢰감이 축적되어 왔기 때문에, 때로 잘못을 저지른다 해도 이해하고 넘어가 준다. 따라서 한 번의 실수로 결정적으로 신뢰를 잃는 일은 없다. 곧 잊혀지는 것이다.

이 둘의 차이는 해가 갈수록 더욱 벌어져서, 언젠가 둘이 똑같은 잘못을 저질러도 한쪽은 "열심히 일한 결과이니까 어쩔 수 없다."고 관대하게 처리되고, 다른 한쪽은 "역시 저 놈은 구제불능이야."라고 엄하게 비판당한다.

업무를 성실하게 수행하는 것은 인생의 기본이다. 그런 자세는 해가 지나면서 반드시 축적되어 하나의 평가로서 정착되게 된다. 이렇게 해서 형성된 신뢰감은 평생의 재산이다.

하루의 업무를 적극적으로 수행해서 쌓이는 신뢰감은 평생의 자산이다.
하루의 업무를 태만하게 잘못 수행해서 쌓이는 불신감은 평생의 부채이다.

40. 나아갈 것인가, 멈출 것인가

열심히 했지만 잘 되지 않는다, 또는 불평불만을 갖지 않을 수 없다, 다른 일에 매력을 느끼게 됐다, 끈기가 없어졌다…….

어떤 업무에서든 '이렇게 힘들 바엔 차라리 이쯤에서 그만두는 게 훨씬 낫겠다.'라는 생각이 들 때가 종종 있다. 이런 경우 중단하는 데 다소간의 저항도 있지만 그것을 계속하는 것과 비교하면 중단하는 것이 훨씬 간단하다. 회사를 그만두는 경우도 마찬가지다.

"이제 싫어졌어. 그만둬 버려야겠어."라고 생각하고 중단하는 것은 그다지 어려운 일이 아니다.

물론 중단하는 것이 결과적으로 잘한 경우도 있을 것이다. 그러나 일에서든 프로젝트에서든 이런 식이라면 그만둬야겠다고 10번 정도 생각했다면, 객관적으로 보아 정말로 그만두는 게 맞는 답이었던 경우는 많아야 3분의 1정도밖에 안 된다. 3분의 2에서 8할 정도는 중단하지 않는 쪽이 맞다.

인간이 어느 일이든지 끈기 있게 한다는 것은 힘든 일이다. 어떤 곤란에 직면했을 때 그것을 극복할 방법이 발견되지 않는다면 그만두고 싶다는 유혹에 빠지기도 한다. 인간이란 기본적으로 즐거움을 찾고 편하게 지내고 싶어 하는 본능이 있기 때문에 그것은 어쩔 수 없는 일인지도 모른다.

그러나 객관적으로 보면, 그런 본능을 쫓아 모든 것을 중단해 버리면 8할 정도는 잘못을 저지르게 된다. 괴롭다고 해서 시험 공부를 그만두면 나중에 손해 보는 것은 자신이라는 점을 생각하면 금방 이해할 수 있을 것이다.

따라서 그만두고 싶다는 생각이 들 때는 먼저 "언제든 그만두는 것은 간단하다."라는 말을 상기해 주길 바란다. 즉, 계속하는 것이 힘들더라도, 그만두지 않는 것이 정답인 경우가 많다는 것을 말이다.

"중단해야 할 것은 중단하는 데는 상당한 용기가 필요하다."

반대로 중단해야 할 것을 중단하는 것이 의외로 어렵다. 몸에 나쁘니까 담배를 끊어야겠다고 생각은 하지만 쉽게 끊을 수 없는 것과 마찬가지다.

일하는 도중에 이건 잘못됐다, 물러서야 한다, 혹은 수정이 필요하다고 깨달아도 지금까지 일을 해 온 체면이 있어서 못하는 경우가 많다. 특히 그것이 자기가 이야기해서 시작된 프로젝트라면 비난을 받거나 책임을 추궁당할지도 모르기 때문에, 이런 경우에는 오히려 그만두지 말아야겠다는 심리가 생긴다.

그러나 객관적으로 보아 잘못됐다고 느꼈을 때는 바로 그만두지 않으면 피해는 더 커지기만 한다. 중단해야 할 것을 중단하기 위해서는 용기가 필요하다. 이것 또한 매우 중요하다.

어떻게 보면 중단하는 것은 간단하다.
그러나 잘못되고 있는 일을 중단하는 데는 상당한 용기가 필요하다.

41. 쉽게 일하는
       방법은 없다

　일에는 실현 가능성이 적지만 해야 한다든지, 선례가 없어 처음부터 대책을 세워야 한다든지, 또는 그 일을 하기 위해서는 많은 다른 사람들을 설득해야만 한다든지 여러 가지 어려움이 있다.
　반면 지금까지 계속되어 와서 처리 방법이 정해져 있고 그다지 복잡하지도 않아 정해진 순서에 따라 해 나가면 척척 성과가 나오는 아주 단순한 일도 있다.

하나의 일을 처리할 때, 여러 가지 선택안 중에 '지금까지 해 온 대로 한다'는 것이 있으면 사람들 대부분은 그 방법을 택할 것이다. 그것으로 어느 정도 성과를 올릴 수 있기 때문에 누구도 새로운 방법에 도전해서 고생하려고는 하지 않는다.

그것이 최선의 방법인지, 혹은 좀더 능률적으로 할 수 있는 다른 방법이 있는지를 생각하지 않고 그저 제일 편한 종래의 방법 대로 일을 계속해 나가려고 한다. 인간에게는 습관적으로 그런 경향이 있다.

그러나 그렇게 처리 방식이 결정되면 아무 것도 생각하지 않아서, 예를 들면 그 방식이 시대에 전혀 맞지 않는다고 해도 전혀 이상하게 생각하지 않는다.

이렇게 되면 그 조직에 발전이란 없다. 효율적이지 못하면 시대에 뒤떨어진 조직이 되어 경쟁에서 지게 된다. 공무원 병이니 대기업 병이니 하는 말처럼, 조직이라는 것은 내버려 두면 틀림없이 '앗!' 하는 사이에 동맥 경화증에 걸리게 된다.

특히 관리자는 어떤 종류의 업무에서라도 지금의 방법이 좋은지, 시대에 맞는 것인지, 좀더 능률적인 방법은 없는지를 생각해야만 한다. 그러나 관리자도 이전의 방법으로 착실하게 성과가 나오는 한은 그것이 앞으로도 영원히 계속될 것 같은 착각에 빠질 수 있다.

현대는 특히 격심한 변화가 일어나고 있는 시대다. 경우에 따라서는 1년, 반년 사이에 그간의 제도가 구식이 되는 경우도 있다. 어떤 것이 새롭게 만들어지는 순간부터 구식이 되기 시작한다는 인식으로 시스템 운용 방법을 생각하지 않으면 안 된다.

편하다고 해서 옛날에 하던 방식을 고집하며 안주하고 있다가는 순식간에 자신이나 조직 모두가 썩어 들어가게 될 것이다.

편안한 것은 순식간에 습관이 된다.

42. 표창은
    기쁘게 받아라

　훈장이란 한 인생을 상징적으로 나타내는 것이다. 국가에서 주는 서훈도 그 때까지 그 사람의 인생을 집약한 결과라고 말할 수 있다.
　그 외에 인생을 살아가는 도중에 받는 여러 가지 표창도 그 사람의 행위를 구체적으로 나타내는 의미가 있다. 성적이 우수해서, 개근을 해서, 혹은 봉사 활동을 해서 표창을 받는다거나 직장에서 뛰어난 업적을 쌓아 표창을 받는 등 세상에는 여러 가지 표창이 있는데, 그 모두는 그 사람의 행위와 인격에 대한 평가라고 할 수 있다. 그것이 설령 극히 짧은 한 시기의 행위에 대한 평가라고 해도, 그것으로 인정을 받았다는 것은 그 사람의 인생에서 매우 커다란 의미를 갖는 사건이다.

표창이나 서훈은 타인이 평가해서 주는 것이기 때문에 여기에서 특별히 이야기할 것은 없다. 문제는 표창을 받을 때의 태도이다. 그 사람의 됨됨이가 응축되어 나타나기 때문이다.

"상장이나 표창 따위는 필요 없다."는 사람도 있다. 예를 들면 자신은 당연한 일을 했을 뿐이고 그런 일에 상을 받을 만한 사람이 아니라는, 매우 겸손한 자기 평가에서 고사하는 사람이 있는 것이다. 이런 사람은 별로 많지는 않겠지만, 상을 받지 않겠다는 태도에는 그것대로 그 사람이 지금까지 삶을 살아온 태도가 여실히 나타난다.

그런데 똑같이 고사하는 경우라도, 어떤 사람은 2등 훈장을 받았는데 왜 나는 3등 훈장이냐는 식으로, 즉 다른 사람과 비교해서 불만을 갖고 상을 안 받겠다는 사람이 있다.

예전에 법무성 인사과장으로 재직할 때 나도 법무성 관련 서훈에 관여한 적이 있었는데, 그런 이유로 상을 거절하는 사람이 몇 사람 있었다. 간신히 설득해서 결국 받기는 했지만, 나이 70을 넘은 사람의 태도가 마치 어린아이가 응석부리는 듯했다. 그런 응석에 스스로를 어떻게 평가하고 있는지가 나타난다. 즉, 그런 사람은 객관적 평가보다도 자신을 높게 평가하고 있는 것이다. 20%는커녕 50%, 100%를 더 높게 평가하고 있는 사람도 적지 않다.

똑같이 상을 받아도 "대단한 일을 한 것도 아닌데 이렇게 상을 주시니 정말로 기쁩니다."라고 감사의 마음으로 받는 사람이 있는가 하면, "불만스럽지만 할 수 없이 받아 준다."며 시큰둥한 태도로 받는 사람도 있다.

인간이란 자신을 긍정하지 않으면 활력을 갖고 살아갈 수 없으므로, 위축돼서 사는 것보다 자신을 갖고 살아가는 것이 훨씬 좋다. 따라서 불만을 갖는 것 자체는 나무랄 게 없지만, 가능한 한 자신에 대한 평가를 객관적 평가에 근접시키도록 노력해야 할 것이다.

자신을 낮게 평가하는 것도 좋다고는 할 수 없지만, 그것이 너무나 높을 경우는 여기저기서 마찰을 일으켜 오히려 살아가기 힘들게 된다. 자신의 자존심이 표창이라는 칭찬 때문에 오히려 상처를 입는 것은 확실히 불행한 일이다. 모처럼 받는 것이라면 행복을 느낄 수 있는 자세를 갖는 것이 좋을 것이다.

다시 말해 객관적으로는 본인이 생각하는 것만큼 그렇게 잘못 평가되고 있지는 않다는 것이다. 본인이나 그 사람을 따르는

**"인격을 연마한다는 의미에서,
표창은 받을 때의 태도가 특히 중요하다."**

신봉자가 마음대로 생각하고 있을 뿐인 경우가 대부분이다.

자신에 대한 평가를 객관적 평가에 근접시키는 것도 인격을 닦는 것이다. 표창은 인생의 집약이기 때문에 상당 부분 의미가 있지만, 인격을 연마한다는 의미에서는 그것을 받을 때의 태도가 훨씬 더 중요하다.

인격을 연마한다는 것은 행복해지는 것과 마찬가지다. 그것이 가능하다면 자신에 대한 여러 가지 형태의 평가를 접하게 되어도 그 때마다 불만족스러워하거나 노여워하지 않으면서 살 수 있다. 오히려 평가를 기쁜 마음으로 받아들일 수 있게 된다. 이것이 훨씬 더 행복한 인생이라고 생각한다.

 스스로는 아무리 객관적으로 평가한다 해도 자신에 대한 평가는 과장되는 경향이 있다는 것을 잊지 않는다면 표창도 좀더 평온한 마음으로 받을 수 있지 않을까?

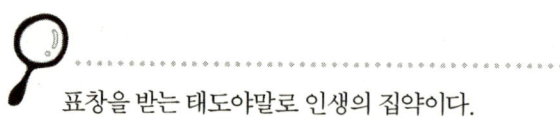
표창을 받는 태도야말로 인생의 집약이다.

43. 관리자여,
절대 자만하지 마라

 승진해서 윗자리로 올라가면 그만큼 권한이 커지게 된다. 관청이나 기업이나 다 마찬가지지만, 지위가 올라가고 권한이 커지면 그에 따라 허세를 부리고 거만을 떠는 사람이 있기 마련이다. 당연히 그 사람에게 아첨하는 사람도 많아져서 점점 자기가 커다란 힘을 갖고 있다고 생각하게 된다.
 권한을 갖게 되었다고 그런 착각에 빠지면, 자신에 대해 충고하거나 자기 의견에 반대하는 사람이 있으면 '무례한 놈'이라고 화를 내고, 마음에 들지 않는 직원은 쫓아내 버리거나 좌천시키기도 한다.

이런 사람이 중역이 되면, 비서가 생기고 운전기사가 딸린 승용차가 나오고, 아침저녁으로 인사가 틀려지며 앉는 자리도 달라지는 등 지금까지와는 전혀 다른 대우를 받기 때문에 더욱 그것이 자신의 힘이라고 착각하게 된다.

명령을 내리면 그대로 움직이기 때문에 실제로 권한이 있는 것은 사실이다. 그러나 그것을 자신의 힘이라고 생각한다면 완전한 착각이다. 그것은 조직의 힘이고, 자신은 우연히 그 자리에 앉아 있는 것에 불과할 뿐이다.

지금까지 일본 사회는 연공 서열제를 바탕으로 존재해 왔기 때문에, 경험이 많거나 나이 많은 순서내로 높은 자리에 앉게 될 뿐 서양처럼 실력 평가에 의해 지위가 결정되지는 않았다. 따라서 지위를 벗어 던지고 비교하면 나이 어린 직원이 더 우수한 경우도 있다.

일본의 경우는 실력보다도 다른 요소로 인해 지위를 결정하고 권한을 결정하는 일이 많기 때문에, 그 때의 권한의 힘은 그 사람의 실력과는 상관없다는 것을 지위가 높으면 높을수록 명심해야 한다.

그것을 잘못 생각하는 순간부터 타락이 시작된다. 권한이 자

"저.....선배님! 좀 도와주시면 좋겠는데요."
"나도 그 정도는 옛날에 다 했어. 좀더 힘을 써보라구!"

신의 실력이라고 생각하기 때문에 직원의 의견이나 충고에 귀를 기울이지 않는다. 회사 밖에서 사람을 만날 때도 자기 지위보다 아래인 사람의 이야기는 들으려 하지 않는다. 그리고 자신의 잘못된 생각도 권한의 힘으로 강요한다. 이렇게 되면 조직으로서는 분명한 마이너스다. 그런데 이런 것을 본인은 그다지 깨닫지 못한다.

타락하면 그 사람의 능력은 신장되지 못하고 오히려 퇴보하게 된다. 조직 내에서의 그 권한의 역할도 행사하는 사람이 타락하면서 죽어 버린다. 즉, 관리자가 타락하는 순간부터 조직은 썩기 시작하는 것이다.

따라서 이런 사람을 그 이상의 지위에 앉히는 것은 위험할 뿐만 아니라 그를 현재의 자리에 두는 것까지도 다시 생각해 봐야 한다.

지위에 어울리는 실력과 판단력을 갖추고 있어도 부여된 업무 중의 어떤 면에 대해서는 경험이 없어 잘 알지 못하는 경우도 있다. 이런 경우, 스스로도 공부를 하고 또 직원의 말에도 귀를 기울여 겸허한 마음으로 모자라는 부분을 보충해 가는 자세로 그 권한을 행사한다면, 경험이 얼마 없어도 문제될 것이 없다.

이런 사람이라면 직원으로부터 신뢰를 얻고 경험을 쌓아 가면서 실력도 붙어 명실상부하게 그 지위와 권한에 어울리는 관리자가 될 것이고, 그것을 넘어서기 위해 한층 더 노력할 것이다. 그렇게 되면 조직도 충실해지고 자신의 지위도 더욱 올라가게 된다.

종종 회사 밖에서 자기 직위를 자랑하는 사람이 있다. 권한에 어울리는 실력이 없는 사람일수록 이런 짓을 하는 경향이 있다. 명함을 봐도 그 사람의 됨됨이가 자연스럽게 나타난다. 예를 들면, 국회의원의 명함 중에는 국회의원 ㅇㅇㅇ라는 글자만 아주 커다랗게 들어가 있고 주소나 전화번호는 써 있지 않은 경우가 많다. 즉, 상대를 가볍게 보고 "주소나 연락처는 그 쪽에서 알아보시오."라든지 "내 연락처 정도는 알고 있는 게 당연하다."는 태도가 배어 있는 것이다. 이런 쓸모없는 명함을 만드는 사람일수록 의원으로서 어울리는 실력을 갖추지 못한 경우가 많다.

고등학교 동창회 같은 곳에 가보면, 먼저 자신이 속해 있는 회사의 규모를 자랑하고, 다음에는 회사에서의 지위를 내세우며, 그것으로도 부족해서 출신 대학까지 들먹거리는 사람을 볼 수 있다. 40대, 50대가 되어서 정말 의기양양하게 이런 짓을 하는 사람이 있다면, 자신의 지위에 어울리는 실력이 없다는 것을 스스로 선전하고 다니는 것과 마찬가지라는 것을 명심해야 할 것이다.

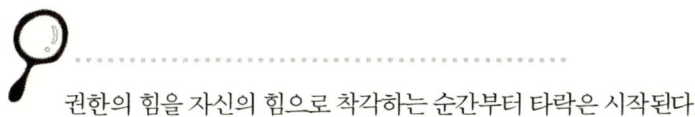

권한의 힘을 자신의 힘으로 착각하는 순간부터 타락은 시작된다.

관리자여, 절대 자만하지 마라

■ 저자후기

좋은 이야기를 한다고 해서
그 사람이 그대로 실천하고
있다는 말은 아니다.

이것이 이 책에서 마지막으로 하고자 하는 말이다.
나 역시 앞으로도 계속 노력할 것이다.
누구도 다른 사람을 이유 없이 불행하게 만들 권리는
없기 때문이다.

■ 옮긴이의 말

'인사(人事)가 만사(萬事)'라고 한다. 어느 조직에서든 가장 중요한 것은 사람이며 각 개인이 신바람이 나서 누가 뭐라 하지 않아도 스스로 열심히 뛸 때 조직이 살아 움직이고 개인도 성장한다.

그러나 조직은 규모가 커지고 연륜이 오래되면 자연스럽게 관료적으로 변하고 대기업병이라는 난치병에 걸리게 된다. 이 병의 대표적인 증상으로는 부서간 이기주의와 인맥 중심의 조직 운영, 관리의 비대화, 관료주의적 조직 구조 등을 들 수 있는데, 이렇게 되면 부서 간에 업무 협조와 정보 소통이 안 되어 의사 결정이 늦어지고 쓸데없는 페이퍼 워크만 늘어나게 된다.

이런 조직에서는 많은 사람들이 고객을 만족시키기보다는 자기 부서의 내부 관리 목표와 관리자를 만족시키기 위해 일하게 되어, 조직 전체의 목표와는 맞지 않게 된다.

사회 환경이 격변하고 고객의 요구가 날로 복잡해지고 다양해지면서 이제는 누가 더 빨리, 그리고 유연하게 대응할 수 있느냐에 경쟁력이 좌우된다.

최근에 여러 기업에서 추진하고 있는 BPR과 같은 경영 혁신 활동에서 벽이 없는 조직, 수평 조직 등을 지향하고 있는 것도 이러한 목적에서이다.

이미 일부 기업에서는 보다 활기 있고 창조적인 조직을 만들기 위해 능력 위주의 발탁 인사, 또는 학력 제한 철폐, 다면 평가제도의 도입, 연봉제 실시 등 혁신적인 인사 정책을 시도하고 있는 상태이고 뿐만 아니라 조직 내의 권위주의를 타파하고 의사소통을 활성화시키기 위해 여러 가지로 노력하고 있다.

어떻든 이제 조직 문화는 변하고 있으며 이에 따라 각 개인도 변할 수밖에 없다. 관리자의 리더십도 독재가 아닌 감화로, 조직 모양도 계층 구조에서 다기능 팀으로 변하며, 현장 중시와 권한 위양은 지속적으로 강화될 것이다.

특히 컴퓨터를 활용한 정보 기술의 보급에 따라 단순한 관리자의 기능은 의미가 없어지고 있다. 조직원 각자가 어떠한 부가가치를 생산하느냐에 따라 각자의 위치와 가치가 결정되게 된 것이다. 이러한 추세는 더욱 빠르게 진행될 것이며 그만큼 개인에게도 대응 노력이 요구된다.

이런 속에서, 올바른 인간 관계와 조직 윤리는 조직을 지탱하고 발전시키는 근간이 되며 공식적인 제도나 규정보다 더 큰 영향력을 발휘하기도 한다.

특히 조직이나 인사의 문제에는 실로 복잡한 요소가 얽혀 있고 또 이것이 계속 살아 움직이기 때문에 더 어려운 일이기도 하다.

그러나 여기에도 원칙은 있으며 지켜야 할 것을 제대로 지키기만 한다면 훨씬 부드럽고 힘 있는 조직을 만들 수 있을 것이다.

이 책의 저자 홋타 쓰토무 씨는 이런 문제들에 대해 오랜 동안 법조계에 머물면서 경험하고 느낀 내용을 간결하고 평이하게 서술하고 있다.

그 사례 하나하나가 우리나라에도 그대로 적용될 수 있는 내용들인데다, 물론 분야는 다르지만 기업의 경영 혁신을 일선에서 담당하고 있는 역자에게는 특히 공감되는 바가 많았다.

인사 담당자에게는 업무 참고서로, 모든 조직원에게는 직장 생활의 지혜와 교훈을 찾을 수 있는 훌륭한 지침서가 될 것으로 믿는다.